Constantin John

Die Entstehungsgeschichte der Catilinarischen Verschwörung

Ein Beitrag zur Kritik des Sallustius

Constantin John

Die Entstehungsgeschichte der Catilinarischen Verschwörung
Ein Beitrag zur Kritik des Sallustius

ISBN/EAN: 9783743657663

Hergestellt in Europa, USA, Kanada, Australien, Japan

Cover: Foto ©ninafisch / pixelio.de

Weitere Bücher finden Sie auf www.hansebooks.com

DIE ENTSTEHUNGSGESCHICHTE

DER

CATILINARISCHEN VERSCHWÖRUNG.

EIN BEITRAG

ZUR

KRITIK DES SALLUSTIUS.

VON

DR. CONSTANTIN JOHN.

Besonderer Abdruck aus dem achten Supplementbande der Jahrbücher für classische Philologie.

LEIPZIG,
DRUCK UND VERLAG VON B. G. TEUBNER.
1876.

Die Seitenzahlen sind die des achten Supplementbandes der Jahrbücher für classische Philologie.

Für die Darstellung der catilinarischen Verschwörung ist lange
Zeit Sallust fast ausschliesslich massgebend gewesen. Ein mehr
traditionelles als berechtigtes Vertrauen zu der Glaubwürdigkeit des
beliebten Schriftstellers und seine Uebereinstimmung mit Cicero in
der Gesammtauffassung der Verschwörung kann es erklären, dass
man sich den seltenen Vortheil einer zeitgenössischen Monographie
harmlos zu Nutze machte und weniger als es hätte geschehen sollen
die erste und in Bezug auf Thatsachen, die notorisch gewesen sein
müssen, zuverlässigste Quelle, Ciceros Reden, zu genauer und unbefangener
Vergleichung herbeizog. Seit jedoch Drumann[1]) darauf
hingewiesen, dass Sallust in seinem Catilina mitunter die Zeitfolge
nicht beachte, hat sich der Scharfsinn der Gelehrten mit Vorliebe
an diesem Werke versucht, und wenn sich im Lauf der Zeit die
Discussion hauptsächlich auf die Fragen nach der Zeit und Ursache
der Vereitlung von Catilinas Bewerbung um das Consulat im
Jahr 688[2]), nach seinen Beziehungen zu der Verschwörung dieses
Jahrs, der Zeit des Beginns der catilinarischen Verschwörung, dem
chronologischen Verhältniss der Consularcomitien für 692 und der
Verschworenenversammlung im Hause des Senators Läca zum Ausbruch
der Verschwörung concentrirte, so war nachgerade fast weniger
Gegenstand der Controverse, ob als warum Sallust falsch berichte.
Neben der allgemein anerkannten Unpünktlichkeit im
Sachlichen, besonders Chronologischen, deren Ursache in Versäumniss
oder Oberflächlichkeit der Quellenbenutzung gefunden wird, glaubten
Mommsen[3]) und Wirz[4]) in Parteilichkeit, Hagen[5]) und Ihne[6]) in

1) Drumann, Geschichte Roms, Bd. V, 444.
2) Vgl. meine Abhandlung über diese Frage im Rheinischen Museum
von 1876 Bd. 31. S. 401 ff.
3) Mommsen, Römische Geschichte III⁵, 183 u. A. vgl. auch
Mommsen, im Hermes I, 1866 S. 437.
4) Hans Wirz, Catilinas und Ciceros Bewerbung um den Consulat
für das Jahr 63. Probe einer Kritik der Quellen über die Catilinarische
Verschwörung. Zürich 1864. S. 21 A. und 54 A. 2.
5) E. Hagen, Untersuchungen über römische Geschichte. Erster
Theil: Catilina, Königsberg 1854.
6) Ihne, in den Verhandlungen der Würzburger Philologenversammlung
von 1868 S. 111.

unzureichender Befähigung einen Hauptmangel des Geschichtschreibers erkennen zu sollen. Aber einerseits hat Hagen durch die unkritische Behandlung, die er im Allgemeinen der Geschichte und dem Geschichtschreiber des Catilina hat angedeihen lassen, auch die einzelnen, zwar ungenügend bewiesenen, aber richtigen Ergebnisse seiner Forschung von vorn herein discreditirt, so dass selbst die Bestätigung, die sie durch Wirz in seinem trefflichen Schriftchen und durch Ihne gefunden, ihnen keinen Eingang in die neusten[7]) Darstellungen der catilinarischen Verschwörung verschafft hat, in der Hauptsache vielmehr nach wie vor ihre Schilderung, insbesondere die Bestimmung ihrer Zeitgrenzen von Sallust abhängig geblieben ist; andererseits hat es Sallust auch nicht an geschickten Vertheidigungen gefehlt, so dass die meisten Streitfragen noch als unerledigt zu betrachten sind. Linkers[8]) Versuch zwar den offenkundigsten Anstoss, die zeitlich unrichtige Stellung der Versammlung bei Läca, durch Transposition zu entfernen ist oft und viel[9]) als verunglückt nachgewiesen werden. Baur[10]) aber hat gestützt auf den gelungenen Nachweis, dass die allgemein für falsch gehaltene zeitliche Stellung, die Sallust den Consularcomitien des Jahrs 691 anweist, die richtige ist, diese Thatsache einer dem Geschichtschreiber zugefügten Unbill kräftig zu dessen Gunsten geltend gemacht und daraus für seine übrigen apologetisch-kritischen Untersuchungen das Princip gewonnen, so lange an der Autorität Sallusts festzuhalten als sich irgendwie ein Compromiss mit dem angeblich differirenden Berichte der andern Quellen herstellen lässt. So beachtenswerth und verdienstlich nun auch Baurs Vertheidigungsversuche sind, so musste doch dieses grundsätzliche apologetische Bestreben schon darum in der Regel irre führen, weil die auch von Baur zugestandene Gleichgiltigkeit Sallusts gegen das Sachliche, mit andern Worten das unbedingte Vorherrschen des rhetorischen Elements in seinen Werken, namentlich in seinem Catilina, es principiell einzig richtig erscheinen lässt augenscheinliche Abweichungen seines Berichts von dem der übrigen Quellen lieber auf

---

7) Halm, Einleitung zu Ciceros Reden gegen Catilina 8. und 9. Aufl. 1873 u. 75. Lange, Römische Alterthümer III, 1. Theil. S. 219 ff. Teuffel im Leben Ciceros, Stud. u. Charact S. 299 f. 304 ff.

8) Gustav Linker, Emendationen zu Sallust, Sitzungsberichte der Wiener Akademie, philosophisch-historische Classe, 1854, Bd. XIII S. 263 ff.

9) Vgl besonders: Dietsch, Kritische Ausgabe des Sallust I p. 31 ff. Wiedemann, im Philologus Bd. XXII, 1865. S. 497. Kratz, in den Jahrbüchern f. class. Phil. 1865 Bd. 91 S. 843. Baur, im Correspondenzblatt für die Gelehrten- und Realschulen Württembergs 1870 S. 195—199.

10) Friedrich Baur, Apologetisches und Kritisches zum Catilina, drei Abhandlungen im Correspondenzblatt f. d. Gel.- u. Realschulen Württ. von 1868 und 1870. Die erste Abhandlung über „die zeitliche Stellung der Consularcomitien des Jahrs 691" überarbeitet wieder erschienen im Programm des Gymnasiums zu Buchsweiler von 1875. Strassburg b. R. Schultz.

Kosten des Geschichtschreibers als der Geschichte zum Austrag zu bringen. Hat Baur in Folge dieser Ueberschätzung der historiographischen Bedeutung des sallustianischen Catilina das Richtige, was die Kritik bis dahin gefunden, nicht anzuerkennen vermocht, so haben dagegen auch die von ihm gewonnenen chronologischen Resultate noch nicht die verdiente Würdigung gefunden[11]); vielmehr hat neustens Zumpt[12]) es für genügend erachtet sie kurzer Hand abzuweisen und daher seinerseits einige der Streitfragen in sehr reactionärer Weise behandelt, so dass auch nach dieser Seite hin eine Vervollständigung des Beweismaterials nicht überflüssig erscheinen kann.

Das fundamentalste Problem, das die Geschichte der catilinarischen Verschwörung dem Widerspruch der zeitgenössischen Berichte verdankt, ist die Zeit ihrer Anstiftung. Nicht nur hängt naturgemäss die Bestimmung ihrer Veranlassung und der Entstehungszeit des Verschwörungsplans aufs engste damit zusammen, sondern auch die Entscheidung der übrigen bedeutungsvolleren Streitfragen. Denn wenn Sallust die im Spätherbst 691 63 ausgebrochene Verschwörung im Juni 690/64 aus Anlass der ersten thatsächlichen Bewerbung Catilinas um das Consulat beginnen lässt und ihre Ursache in Catilinas Herrschsucht, äusserer und seelischer Bedrängniss und in seiner und der allgemeinen sittlichen Verdorbenheit findet, die Entstehung des Plans daher in die Zeit nach Catilinas erstem politischen Auftreten unter Sulla hinaufrückt (Cat. 5, 6), so war dies nothwendig von tiefgreifender Wirkung für die Schilderung des ganzen dem Ausbruch der Verschwörung vorangehenden Zeitraums seiner Geschichte. Eine gründliche Kritik wird daher zunächst die übrigen Quellen über Catilinas Geschichte in dieser Zeit genau zu prüfen und dann in Sallusts eigener Darstellung die Beweise für oder gegen ihn zu suchen haben. Als beste Bestätigung der Frühzeitigkeit ihrer Planung aber und besonders beziehungsreiches Antecedens musste begreiflicherweise die sg. erste catilinarische Verschwörung vom Winter 688/66 auf 689/65 betrachtet werden. Eine kritische Vergleichung des sallustianischen Excurses darüber mit den Berichten der andern Quellen ist desshalb ebenso nothwendig als ihr Ergebniss grundlegend für die Beantwortung der Hauptfrage, ob Sallust die Zeit des Beginns und die Veranlassung der zweiten Verschwörung richtig bestimmt hat.

---

[11] Vgl. H. Dübi, de Catilinae Sallustiani fontibus ac fide, dissertatio philologica. Bern 1872. Jacobs, commentirte Ausgabe des Catilina 6 Aufl. 1874. S. 45 ff. Mommsen, R. G. 6. Aufl. 1875. III, 181.

[12] A. W. Zumpt, De imperatoris Augusti die natali fastisque ab dictatore Caesare emendatis commentatio chronologica im Supplementband VII dieser Jahrbücher p. 565—578. Separatabdruck Teubn. 1875.

1.
Die Verschwörung von 688 auf 689.

Die Hauptstellen, in denen Cicero die Verschwörung von 688 berührt, sind pro Sulla 4, 11: duae coniurationes abs te, Torquate, constituuntur, una, quae Lepido et Volcatio consulibus, patre tuo consule designato, facta esse dicitur, altera, quae me consule: harum in utraque Sullam dicis fuisse. p. Sull. 24, 67: hic tu epistulam meam saepe recitas, quam ego ad Cn. Pompeium de meis rebus gestis et de summa republica misi, et ex ea crimen aliquod in P. Sullam quaeris; et si furorem incredibilem biennio ante conceptum erupisse in meo consulatu scripsi, me hoc demonstrasse dicis, *Sullam in illa fuisse superiore coniuratione*. Scilicet ego is sum qui existimem Cn. Pisonem et Catilinam et. Vargunteium et Antronium nihil scelerate, nihil audacter ipsos per sese sine P. Sulla facere potuisse. De quo etiam si quis dubitasset antea num id quod tu arguis cogitasset *interfecto patre tuo consulem descendere Kalendis Januariis cum lictoribus*, sustulisti hanc suspicionem, cum dixisti hunc, *ut Catilinam consulem efficeret*, contra patrem tuum operas et manum comparasse. Quod si tibi ego confitear, tu mihi concedas necesse est hunc, cum Catilinae suffragaretur, nihil de suo consulatu, quem iudicio amiserat, per vim recuperando cogitavisse. In toga candida p. 93. Or.: praeterea illum nefarium conatum tuum et paene acerbum et luctuosum reipublicae diem, cum Cn. Pisone socio, neque alio nemine (bei Kiessling u. Schöll: ne quem alium nominem) caedem optimatum facere voluisti.[13]) Catil. I, 6, 15: potestne tibi haec lux, Catilina, aut huius caeli spiritus esse iucundus, cum scias esse horum neminem qui nesciat te pridie Kal. Jan. Lepido et Tullo coss. stetisse in comitio cum telo? manum consulum et principum civitatis interficiendorum causa paravisse?

Des Livius (lib. 101) Bericht über diese Verschwörung fasst die Periocha so zusammen: coniuratio eorum qui in petitione consulatus ambitus damnati erant facta de interficiendis consulibus oppressa est.

Suetonius ferner erzählt Caes. 8 fin. f.: nec eo secius (Caesar)

[13] Asconius bemerkt hiezu im Anschluss an Sallust: quos ⟨non⟩ nominet, intellegitis. Fuit enim opinio Catilinam et Cn. Pisonem adolescentem perditum, coniurasse ad caedem senatus faciendam ante annum quam haec dicta sunt, Cotta et Torquato coss., eamque caedem ideo non esse factam, quod prius quam parati essent coniuratis signum dedisset Catilina. Piso autem, cum haec dicerentur, perierat, in Hispaniam missus a senatu per honorem legationis, ut ab urbe ablegaretur; ibi, dum iniurias provincialibus facit, occisus erat, ut quidam credebant, a Cn. Pompeii clientibus Pompeio non invito. So nach Kiessling et Schöll, Q. Asconii Pediani orationum Ciceronis quinque enarratio, Berlin, Weidm. 1875. p. 82 f.

maiora mox in Urbe molitus est: siquidem ante paucos dies quam aedilitatem iniret (1. Jan. 689) venit in suspicionem *conspirasse cum M. Crasso consulari, item P. Sulla et Autronio* post designationem consulatus ambitus condemnatis, ut principio anni senatum adorirentur et trucidatis quos placitum esset dictaturam Crassus invaderet, ipse ab eo magister equitum diceretur, constitutaque ad arbitrium republica *Sullae et Autronio consulatus restitueretur*. Meminerunt huius coniurationis *Tanusius Geminus* in historia, *M. Bibulus* in edictis, *C. Curio* pater in orationibus. De hac significare videtur et *Cicero* in quadam ad Axium epistola referens *Caesarem in consulatu confirmasse regnum de quo aedilis cogitarat*. Tanusius adicit Crassum paenitentia vel metu diem caedi destinatum non obiisse et idcirco ne Caesarem quidem signum quod ab eo dari convenerat dedisse. Convenisse autem Curio ait, ut togam de humero deiceret.

Cassius Dio endlich berichtet lib. 36, 44 (27): Πούπλιός τε γὰρ Παῖτος καὶ Κορνήλιος Σύλλας — — ὕπατοί τε ἀποδειχθέντες καὶ δεκασμοῦ ἁλόντες ἐπεβούλευςαν τοὺς κατηγορήσαντας cφῶν Κότταν τε καὶ Τορκουᾶτον Λουκίους, ἄλλως τε καὶ ἐπειδὴ αὐτοὶ ἀνῃρέθηςαν, ἀποκτεῖναι. καὶ παρεςκευάςθηςαν μὲν ἄλλοι τε καὶ Γναῖος Πίςων καὶ Λούκιος Κατιλίνας, ἀνὴρ θραςύτατος, ᾐτήκει δὲ καὶ αὐτὸς τὴν ἀρχήν, καὶ διὰ τοῦτο ὀργὴν ἐποιεῖτο, οὐ μέντοι καὶ ἠδυνήθηςάν τι δρᾶςαι διὰ τὸ τήν τε ἐπιβουλὴν προμηνυθῆναι καὶ φρουρὰν τῷ τε Κόττᾳ καὶ τῷ Τορκουάτῳ παρὰ τῆς βουλῆς δοθῆναι· ὥςτε κἂν δόγμα τι κατ' αὐτῶν γενέςθαι, εἰ μὴ δήμαρχός τις ἠναντιώθη. ἐπεὶ δ' οὖν καὶ ὡς ὁ Πίςων ἐθραςύνετο, ἐφοβήθη τε ἡ γερουςία μή τι ςυνταράξῃ, καὶ εὐθύς αὐτὸν ἐς Ἰβηρίαν, πρόφαςιν ὡς καὶ ἐπ' ἀρχήν τινα, ἔπεμψε.

Damit haben wir das Material beisammen, um nun zunächst die Angabe Sallusts (18, 5) zu prüfen, dass in der ersten Hälfte des Decembers 688 Catilina und Autronius sich mit Piso über den Plan in's Einvernehmen gesetzt haben am 1. Januar 689 die Consuln Cotta und Torquatus zu ermorden und sich der Fascen zu bemächtigen.

Allgemein bestätigt wird nur so viel, dass ein blutiger Handstreich die Verschworenen in den Besitz der Regierungsgewalt setzen und P. Autronius Pätus einer der Consuln werden sollte. Während aber Sallust den Catilina als präsumtiven Amtsgenossen des Autronius bezeichnet, nennen Livius, Dio und die Gewährsmänner Suetons übereinstimmend als solchen den mit Autronius designirten und wegen Wahlbestechung verurtheilten P. Cornelius Sulla. Auch Sallust (18, 2) nenut zwar Sulla in einem Zusammenhang, der erwarten liess, dass er als Mitprätendent des Consulats bezeichnet werden würde; indem nun aber Catilina dem Autronius als Collega zugesellt wird, soll Sulla offenbar als überhaupt nicht betheiligt erscheinen.

Bekanntlich wurde Sulla im J. 692/62 von dem jüngeren L.
Manlius Torquatus, demselben der ihn auch 688 de ambitu belangt
hatte,[14]) der Theilnahme an beiden Verschwörungen angeklagt, durch
Hortensius und Cicero vertheidigt und freigesprochen. Allein da
der Anwalt Cicero selbst noch einige Monate vorher in einer politischen Denkschrift an Pompejus de rebus suis in consulatu gestis
(p. Sull. 24, 67. Schol. Bob. in or. p. Planc. p. 270 fin. f. Or.) sich so
verfänglich über Sullas Beziehungen zur ersten Verschwörung geäussert haben muss, dass der Ankläger sein eigenes Zeugniss für
die Begründung des crimen superioris coniurationis verwerthen konnte,
so unterliegt die Betheiligung Sullas an dieser Verschwörung keinem
Zweifel mehr; streitig ist nur noch, ob ihm selbst das Consulat bestimmt war (so: Drumann II, 88 A. 89. 515 A. 71) oder ob er sich
zu Gunsten der Usurpation · des Catilina und Autronius in untergeordneter Weise betheiligt hat (dies die Ansicht Langes, R. A. III,
220 und Halms Einl. zu den Catilin. A. 13 und zur or. pr. Sull. § 4).
Dieselbe Streitfrage scheinen nun aber auch schon Sullas Vertheidiger und Ankläger ventilirt zu haben, aber es scheint nur so. Denn
der Ankläger hat nach ausdrücklichem Zeugniss (p. Sull. 24, 68
s. oben S. 706) seine Anklage hinsichtlich der ersten Verschwörung auf
die Beschuldigung gestützt, Sulla habe am 1. Januar 689 nach Ermordung der Consuln im Geleite der zwölf Lictoren vom Kapitol herab
nach Hause ziehen d. h. durch Aneignung der consularischen Insignien sich selbst als Consul proclamiren wollen; und dass auch
der Vertheidiger darin den Kernpunkt der Anklage erkannt hat,
zeigt sich unverkennbar in seiner Beweisführung gegen sein eigenes
Belastungszeugniss. Denn wenn Cicero zur Entkräftung desselben
durch ein disjunctives Sophisma dem Ankläger das Zugeständniss
abzunöthigen sucht, dass Sulla nicht an die gewaltsame Wiedererlangung seines Consulats, das er durch Richterspruch eingebüsst,
gedacht haben könne, so hat er doch nur desshalb gerade dieses Glied
der Disjunktion durch Setzung des andern („Sulla habe dem Catilina
das Consulat verschaffen wollen") eliminirt, weil das letztere das
Unwahrscheinlichere war, und nur desshalb den erzielten Schluss
für eine Widerlegung der Hauptanklage („Sullam fuisse in illa superiore coniuratione") halten können, weil ihr ganzes Gewicht auf
der eliminirten Beschuldigung, diese aber auf der Allgemeinheit der
Voraussetzung beruhte, dass Sulla entweder bei der Verschwörung
sein Consulat wieder zu erlangen gesucht oder sich überhaupt nicht
betheiligt habe. In der That war auch nichts natürlicher als diese
Voraussetzung. Die Wahlbestechungen, auf deren Umfang die Verurtheilung im Ambitusprocess schliessen lässt, hatten sattsam er-

---

14) Cic. de fin. II, 19, 62; ungenau daher Ascon. p. 74, 12. Dio
36, 44. Peter, Gesch. Roms II², S. 172 und Lange, R. A. III, 220, 2,
wo der Vater Torquatus Cos. 689 als Ankläger bezeichnet wird.

wiesen, dass das Consulat Gegenstand der lebhaftesten Wünsche
Sullas gewesen war (vgl. p. Sull. 26, 73). Seine Verurtheilung
hatte ihm den theuer erkauften Schatz wieder entrissen, seine gesellschaftliche und politische Stellung vernichtet (vgl. Dio 37, 25) und,
was besonders schmerzlich sein musste, das Consulat in die Hände
des Mannes gegeben, dessen Sohn es ihm entrissen hatte (vgl. p.
Sull. 17, 49). Wenn er, wie anzunehmen, dazu noch überzeugt war,
das Opfer der persönlichen Feindschaft der beiden Torquatus und
aristokratischer Parteichicane zu sein, so waren es auch für Sullas
Bedächtigkeit der Impulse genug, bei so günstiger Gelegenheit wieder an sich zu reissen, was man ihm genommen, und sich selbst
politisch und finanziell zu rehabilitiren. Allein darüber konnte bei
seinem Charakter, dem nichts ferner lag als Leidenschaftlichkeit und
Geneigtheit zum Vortheil anderer sich in Gefahr zu begeben,[15]) kein
Zweifel sein, dass nur die Anwartschaft auf das Consulat ihn hatte
zum Mitverschworenen machen können. Da somit unter allen Umständen der Kernpunkt der Anklage in der Beschuldigung bestand:
Sullam suum consulatum, quem iudicio amiserat, per vim recuperare
cogitasse, so ist der angebliche zweite Artikel der Anklage: Sullam
ut Catilinam consulem efficeret contra Torquatum consulem operas
et manum comparasse jedenfalls dem Sinn, ohne Zweifel aber auch
dem Wortlaut nach nicht treu von Cicero wiedergegeben. Eine
rabulistische Wort- und Sinnverdrehung erkenne ich nemlich nicht
nur mit Drumann (II, 515 A. 71) darin, dass Cicero die Sache so
darstellt, als habe Torquatus Sullas „Absicht dem Catilina das Consulat zu verschaffen" (consulem *efficere* gibt Halm dem Sinn des
Anklägers nach treffend mit „seine Wahl zum Consul bewerkstelligen")
auf dieselbe Zeit bezogen wie „dessen Vorhaben selbst als Consul vom
Capitol herabzuziehen", sondern auch in der Zusammenstellung der Absicht: ut Catilinam consulem efficeret mit dem Mittel: operas et manum

15) Mit Recht hat Drumann V, 394 Sullas Liebe zum Geld und
Wohlleben hervorgehoben. Von dieser Seite hat er sich bei den sullanischen Proscriptionen 672 82 und den Güterverkäufen der geächteten
Pompejaner 708 46, also von A bis Z gezeigt. Mit seinem Eigennutz
verband sich aber eine ausgeprägte Scheu sich zu exponiren, eine Vorliebe besonders da im Hintergrund zu bleiben, wo viel zu riskiren und
wenig zu gewinnen war. So betheiligte er sich nicht bei der Störung
der Gerichtsverhandlung in seinem Ambitusprocess (Cic. p. Sull. 5, 15),
bei der ersten Verschwörung nicht am Mordplan und bei der zweiten
keinenfalls als Mitverschworener. Mehr noch als die wiederholten emphatischen Betheuerungen Ciceros, dass ihm auch nicht die geringste
Verdächtigung Sullas zu Ohren gekommen sei (p. Sull § 14. 17. 20. 85 f.),
spricht gegen seine Mitschuld der Mangel an glaubhaften Beweisen einer
directen Betheiligung an der Verschwörung Catilinas (vgl. p. Sull. c. 13),
bei deren Ausbruch er sich in Neapel befand (p. Sull. § 17. 52 f.). Seine
Theilnahme an der ersten aber erklärt sich aus dem bedeutenden Gewinn,
den er sich davon versprach, vorzüglich jedoch aus seiner Abhängigkeit
von Cäsar, dessen ergebener Parteigänger und Günstling er wenigstens
späterhin gewesen ist (Caes. bell. civ. III, 51; 89; 99. Cic. ad fam. 15, 17, 2).

comparasse. Denn während der Ankläger jene Absicht offenbar nur als mittelbares Ziel und erschwerenden Umstand der eigenen Usurpationspläne Sullas hatte darstellen wollen, erscheint sie in der Fassung, die Cicero den Worten des Torquatus gibt, als unmittelbarer Zweck der Thätigkeit Sullas bei der Verschwörung. Dass aber Sulla sich nur verschworen habe, um Catilina das Consulat zu verschaffen, war eine an sich lächerliche Behauptung. Andererseits lässt jene Zusammenstellung das Mittel zur Erreichung dieser Absicht in einer Thätigkeit bestehen, die für Sulla gegenüber einem Catilina undenkbar erscheinen musste. Torquatus mag dem Angeklagten zur Last gelegt haben, er habe zur Bandenwerbung seine Kasse zur Verfügung gestellt, aber dass er Sullas Mitwirkung bei Catilinas Absichten auf das Consulat gerade im Bandenwerben habe bestehen lassen, während, wie sich jedermann sagte, Sulla nur mit den Mitteln und unter der Bedingung des eigenen Consulats Catilinas Wahl hätte bewerkstelligen können und wollen, ist wiederum eine Unterstellung des Advocaten, die nur darauf berechnet ist den Ankläger lächerlich zu machen.

Soweit also die Worte auf Torquatus selbst zurückgehen, kann eine Bestätigung der Erzählung Sallusts, wie Halm zu p. Sull. 24, 68 meint, nicht in ihnen gefunden werden. Vielmehr reiht sich das Zeugniss des Torquatus denen des Livius, Sueton und Dio an und ist insofern von der grössten Bedeutung als es zeitlich jener Verschwörung am nächsten steht und beweist, dass damals noch allgemein Sulla für den Prätendenten des Consulats gehalten wurde.

Auch Cicero rechnet, wie wir sahen, mit dieser allgemeinen Annahme, aber doch scheint gerade er die Veranlassung gegeben zu haben, dass in der Anklage überhaupt von Catilinas Consulat die Rede war. Wenn er nemlich in dem Schreiben an Pompejus, wie er selbst sagt, die zweite Verschwörung mit der ersten in Zusammenhang gesetzt und beide als eine grosse dargestellt hat, so hatte er consequenterweise dem anerkannten Haupt der zweiten auch bei der ersten schon die entsprechende Rolle zuweisen müssen und darum ohne Zweifel dem Catilina schon für jene Zeit Absichten auf das Consulat zugeschrieben. Da er aber zugleich Sulla in verfänglicher Weise genannt haben muss, so hat er ihn wohl, wie Sallust, unter denen, die Grund zum Komplottiren hatten, erwähnt, noch mehr aber dadurch verdächtigt, dass er die Frage offen liess, ob Catilina sogleich oder erst für 690 Consul geworden wäre. So ergab sich für den Ankläger jenes neue (vgl. si quis dubitasset *antea* etc.) Belastungsmoment, so erklärt sich auch die, wie es scheint, etwas missverständliche Fassung desselben, vor allem aber das Bestreben des Vertheidigers die Sache nun so zu wenden, als könne er selbst nur gemeint haben, Catilina hätte sofort als Consul proclamirt werden sollen. In Wahrheit wusste er wohl, dass es sich damals noch nicht um Catilinas Consulat gehandelt hat. Dies zeigt er meines

Erachtens am deutlichsten dadurch, dass er in seiner Candidatenrede aus dem Jahr 690, die gegen Catilinas und Antonius' Bewerbung um's Consulat gerichtet war, in dem erschöpfenden Sündenregister Catilinas nichts davon erwähnt hat. Hätte damals auch nur der Verdacht geherrscht, dass Catilina es im Jahr zuvor auf Usurpation der Würde abgesehen gehabt, um die er sich jetzt bewarb, so hätte sicher Cicero gerade dies auszubeuten nicht versäumt. Aber auch noch zur Zeit der zweiten Verschwörung ist es wie zuvor (in tog. cand. p. 93, 16—18) immer nur der Mordanschlag auf die Consuln und Optimaten, was von ihm als Catilinas Verbrechen bezeichnet wird (Catil. I, 6, 15. p. Mur. 38, 82).

Wenn so eine Reihe zuverlässiger Zeugnisse — denn Livius und Dio mindestens sind unanfechtbar, aber auch Suetons Gewährsmänner hatten in diesem Punkt wenigstens keinen ernstlichen Grund die Geschichte zu fälschen —, wenn ferner die allgemeine Meinung der Zeitgenossen und Sullas eigener Vertheidiger für Sulla und gegen Catilina spricht, so kann dieser erdrückenden Majorität gegenüber die einzige Autorität Sallusts die Annahme nicht mehr aufrecht erhalten, dass Catilina und Autronius als Consuln hätten proclamirt werden sollen, Sulla aber sich nicht in hervorragender Weise betheiligt habe. Wir werden aber auch nicht mit Hagen S. 99 ff.; 104 f. einen Ausweg in einem den Zeugnissen Ciceros Catil. I, 6, 15 und Sallusts 18, 5 derb widersprechenden Compromisse suchen, nämlich in der Annahme, Catilina sei nicht von Anfang an bei der Verschwörung betheiligt gewesen, sondern bei dem auf den 1. Januar 689 geplanten Attentat hätten Sulla und Autronius Consuln werden und nur die neu antretenden Consuln fallen sollen, bei dem zweiten Versuch aber am 5. Februar, bei dem eines grösseren Blutbads wegen die Mithilfe des Banditenchefs Catilina von Nöthen gewesen sei, habe man dessen Betheiligung durch die Zusicherung des Consulats erkauft und Sulla getäuscht oder bei Seite geschoben.[16])

---

16) Eben damit wird auch die Annahme Hagens (S. 96 und 99) hinfällig, dass der Plan der Verschwörung nach der Vereitlung des Attentats am 1. Januar abgeändert worden sei. Denn ohnedies stützt sich diese Ansicht, soweit sie auf der Meldung Sallusts beruht, dass am 1. Januar nur die Consuln hätten ermordet werden sollen (Hagen S. 95), auf eine Angabe, die an und für sich nichts anderes als blosse Vermuthung sein kann und überdies durch Cicero Cat. I. 6, 15 nicht bestätigt wird. Wer nicht geneigt ist gleich Hagen mit phantastischen, auf psychologische Beweise gegründeten Hypothesen zu operiren, wo naturgemäss eine sichere Ueberlieferung fehlt, wird überhaupt darauf verzichten auch das Detail jener schon den Zeitgenossen dunkeln (Cic. p. Sull. 4, 11 f., 29, 81) Geschichte sicher stellen zu wollen. Soviel aber lässt sich constatiren, dass Sallusts Erzählung von einer Vertagung des Attentats nur dann haltbar ist, wenn seine Angabe preisgegeben wird, es sei dies in Folge der Entdeckung der Verschwörung geschehen. Dass nämlich in ea re cognita (Sall. 18, 6) wenn auch nicht eine grammatische, so doch eine geschichtliche Unwahrscheinlichkeit liegt, ist Dietsch

Vielmehr ist dieser directe Widerspruch der Quellen mit Drumann
II, 88 A. 89; 515 A. 71; V, 395 f. zu Gunsten der besser bezeugten
und glaubhafteren Version zu entscheiden, dass das Consulat des
Jahres 689 dem Sulla und Autronius bestimmt, Catilina
aber nur in untergeordneter Rolle betheiligt war.

(krit. Ausg. des Sall. von 1859 I p. 17) zugegeben. Da nun aber Dio
36, 44 berichtet, dass das Attentat (er meint ohne Zweifel am 1. Januar)
durch die militärische Bedeckung, die der Senat auf eine Denunciation
hin den Consuln beigegeben, vereitelt worden und sogar ein Senatsbeschluss gegen die Verschworenen nur an tribunicischer Intercession
gescheitert sei, so wäre erstens dieser Senatsbeschluss erst nach dem
5. Februar anzusetzen und Dios Anticipation desselben daraus zu erklären,
dass er, wie Cicero und Sueton, durchaus nur von einem Versuch weiss.
(Nur Ascon p. 93, 19 (s. ob. S. 706 A. 13) erwähnt, veranlasst dadurch,
dass Cicero von einer caedes optimatum spricht, aber ganz im Anschluss
an Sallust. den auf den 5. Februar geplanten Anschlag.) Zweitens wäre
die militärische Bedeckung, die den Consuln zur Verfügung gestellt
wurde, auf den 1. Januar zu beschränken, was nicht in Dios Worten
liegt und nur denkbar ist, wenn man von dem Bestand einer politischen
Verschwörung nichts wusste; endlich die Veranlassung dieser Massnahme
des Senats nicht in einer Denunciation, sondern darin zu suchen, dass
Catilina am letzten December 688 „um eine Bande zur Ermordung der
Consuln und Häupter des Staats zu werben" (Cic. Cat. 1, 6, 15) sich
bewaffnet auf dem Comitium hatte blicken lassen. Das war noch nicht
gravirend genug, um das Bestehen eines Komplotts zu constatiren und
nicht die Wiederholung des Versuchs möglich zu machen. Erst der
5. Febiuar mochte dann auch dem letzten December die richtige Beleuchtung gegeben haben.

Noch unwahrscheinlicher aber würde der Verlauf der Verschwörung,
wie ihn Sallust erzählt, wenn Langes (R. A. III, 218 und 220) Vermuthung richtig wäre, dass ihr Bestand bei Gelegenheit der gewaltthätigen
Störung des iudicium Manilianum am letzten December 688 ruchbar geworden sei, sofern sich Catilina, der bewaffnet auf dem Comitium gestanden sei, dabei als eigentlicher Dirigent des bewaffneten Volkshaufens
verdächtig gemacht habe. Ein so plumpes Vorspiel zum blutigen Drama
des folgenden Tags hätte von vorn herein den Erfolg des Unternehmens
gefährdet. Allein mit dieser Combination von Cic. Cat. 1, 6, 15 mit
Asc. p. 66, 11 ist es sehr schwach bestellt. Cicero berührt nämlich in
seiner ersten Rede für C. Cornelius (bei Asc. in Corn. p. 66 Or.) die
Störung der Gerichtsverhandlung in einem Processe des am 10. December
688 abgetretenen Volkstribunen C. Manilius mit den Worten: aliis ille
in illum furorem magnis hominibus auctoribus impulsus est, qui aliquod
institui exemplum disturbandorum iudiciorum perniciosissimum, temporibus suis accommodatissimum, meis alienissimum rationibus cupierunt.
Und dazu bemerkt Ascon: L. Catilinam et Cn. Pisonem videtur significare. Fuit autem Catilina patricius et eodem illo tempore erat reus
repetundarum, cum provinciam Africam obtinuisset et consulatus candidatum se ostendisset etc. Nun ist aber erstens sicherlich Ascons Vermuthung unrichtig, dass Cicero den Catilina und Piso unter den magni
homines verstanden habe, auf deren Impuls Manilius die Gerichtsverhandlung gesprengt habe. Denn abgesehen davon, dass der Pompejaner
Manilius weder Rath noch Unterstützung von seinen politischen Gegnern
angenommen hätte, würde Cicero sie weder mit dem Titel magni homines noch mit einer Gegenüberstellung seiner und ihrer Interessen ge-

Drumann hält zwar dessenungeachtet Catilina für „das Haupt der nach ihm benannten ersten Verschwörung", aber er hat damit ein Räthsel aufgegeben, das er selbst nicht zu lösen versucht hat.

ehrt haben, und endlich wäre Catilina, wenn er selbst den bewaffneten Volkshaufen bei der Störung dirigirt hätte, nicht sowohl auctor furoris Manilii als vielmehr einer der operarum duces gewesen, durch welche nach Asc. p. 60, 1 (bei Kiessling p. 53, 2) Manilius das Geschäft der Sprengung hatte besorgen lassen. Zweitens aber steht die Datirung des disturbatum iudicium Manilianum auf den letzen December 688 in directem Widerspruch mit den Berichten des Plutarch Cic. 9 und Dio 36, 44, die eben darin übereinstimmen, dass es in dem noch 688 anhängig gemachten Process des Manilius in diesem Jahr nicht mehr zur gerichtlichen Verhandlung gekommen sei. Manilius wurde nämlich in den letzten Tagen dieses Jahrs vor dem Tribunal des Cicero, der 688 praetor repetundis war, angeklagt und zwar, wie schon hieraus hervorgeht, repetundarum und nicht, wie Plutarch irrig angiebt, εὐθύνων κλοπῆς. (Die Klagen de peculatu fielen im J. 688 in den Ressort des Prätors Orchivius Cic. p. Cluent. 34, 94; 53, 147.) Ausserdem bestätigt dies Cicero selbst, wenn er offenbar mit Bezug auf Manilius (vgl. Asc. p. 60, 1 ff., ergänzt bei Kiessling p. 53, 2 ff.) pro Cornel. I frag. 1 sagt: postulatur apud me praetorem *primum* de pecuniis repetundis. Prospectat videlicet Cominius (Ankläger des Cornelius) etc. Cicero setzte nun den Termin der Verhandlung in iudicio (Plut. Cic. 9) im Interesse des Beklagten gleich auf den folgenden Tag, den letzten December, an, um nicht die Entscheidung dem Prätor des folgenden Jahres überlassen zu müssen, wurde aber wegen der ungewöhnlichen Kürze dieser Frist in einer Contio von den neuen Tribunen interpellirt und zur Vertagung der Gerichtsverhandlung sowie zum Versprechen seine Vertheidigung übernehmen zu wollen veranlasst (vgl. auch Cic. de pet. cons. 13, 51). Hiernach hätte die gesprengte Gerichtsverhandlung, wenn diese überhaupt das indicium repetundarum wäre, frühestens Anfang 689 stattgehabt. Allein nach Schol. Bob. p. 284, 28 ff. und Dio 36, 44 ist mit grosser Sicherheit anzunehmen, dass es vielmehr der nachher (vgl. Cic. p. Corn. I fr. 1: „primum") hinzugekommene Majestätsprocess des Manilius war, dessen erstmalige Verhandlung er per operarum duces stören liess. Denn so allein erklärt sich die Verwechslung, die offenbar in der Anmerkung der Scholia Bob. p. 284 zu Cicero pr. Mil. § 22: dederas (L. Domitius Ahenobarbus) enim quam contemneres populares insanias, iam inde ab adulescentia documenta maxima vorliegt, sofern der Scholiast das Eingreifen des Quästors Domitius, das thatsächlich beim Versuch der Manalianer (Ende Dec. 687. Asc. p. 65, 3) das Gesetz de libertinorum suffrigiis mit Gewalt durchzusetzen stattgefunden hatte (Asc. in Mil. p. 45 fin. f.), eben bei der Störung des gerichtlichen Verfahrens im Majestätsprocess des Manilius stattfinden lässt. Ferner aber kam, wie es scheint, überhaupt nur der letztere Process zur Verhandlung, und zwar beim zweiten Zusammentritt des Gerichtshofs — offenbar eben wegen der vorgekommenen Störung — unter dem ausserordentlichen Vorsitz der beiden Consuln und endigte mit Verurtheilung des Manilius in contumaciam (Asc. p. 60; b. Kiessling und Schöll p. 53, 3). Dagegen ist von einem weiteren Verlauf des Repetundenprocesses nichts bekannt, so dass an Dios (36, 44) Angabe, das Dazwischenkommen der Verschwörung von 688 habe die gerichtliche Verhandlung des Processes vereitelt, nicht zu zweifeln ist. Denn wenn Ciceros oratio pro Manilio (s. Orelli Cic. fragm. IV, 2 p. 445) wirklich gehalten worden ist, so hat diese Vertheidigung sicher beim Majestätsprocess stattgefunden, bei dem Cicero vom Prätor

47*

Denn da das Streben nach dem Consulat sich wie ein rother Faden
durch Catilinas politische Thätigkeit von 688 bis 691 hindurchzieht,
da er insbesondere schon vor der ersten Verschwörung sich vergeblich
darum bemüht und schliesslich den ersten Schritt zum offenen
Bürgerkrieg mit der Selbstproclamation seines Consulats gethan hat
(Sall. 36, 1. Dio 37, 33), so kann er, wenn nicht seine Erhebung
zum Consul Hauptzweck der ersten Verschwörung war, nicht selbst
Stifter und Haupt derselben gewesen sein. Die Folgerichtigkeit
dieses Schlusses zeigt sich darin, dass einerseits Cicero, wo er die
Einheit der beiden Verschwörungen zu betonen für gut findet, und
Sallust, der von der Identität ihrer Urheber überzeugt ist, den Catilina
als Prätendent der Fascen bezeichnen, andererseits nach all
den Quellen, nach denen Sulla hätte Consul werden sollen, nicht
Catilina Urheber und Haupt der ersten Verschwörung gewesen ist.
Denn wenn das Schweigen, das der Epitomator des Livius und der
aus vier Quellen zusammengestellte Bericht Suetons in Betreff Catilinas
beobachten, jedenfalls so viel beweist, dass er nur eine untergeordnete
Function bei der Verschwörung gehabt haben kann, so
bezeichnet ihn Dio ausdrücklich als zugleich mit Piso in zweiter
Linie zugezogen, da ihn seine renommirte Verwegenheit und sein
Zorn über die eben erlittene Zurückweisung von der Bewerbung um
das Consulat als brauchbares Werkzeug habe erscheinen lassen (Dio
36, 44 s. oben S. 707). Was aber positiv von seinen Functionen berichtet
wird, bestätigt diese Darstellung vollkommen: er hat nach übereinstimmender
Ueberlieferung mit dem ihm wahlverwandten Piso die
Rolle des Bandenwerbers (Cic. Cat. I, 6, 15) und Leiters des in Rom
auszuführenden blutigen Handstreichs (Cic. in tog. cand. p. 93, 16.
Cat. I, 6, 15. p. Mur. 38, 82. Sall. 18, 8. Asc. p. 94, 3), eine Rolle,
zu der er sich durch seine Henkerthätigkeit unter Sulla trefflich
qualificirt gezeigt hatte. Dass er diesen Auftrag um keinen geringeren
Lohn als um das höchste Staatsamt übernommen hätte, dafür
ist Hagen (S. 101) den Beweis schuldig geblieben. Für das folgende
Jahr allerdings mag ihm, wie dies Sullas Ankläger voraussetzt, die
Anwartschaft darauf gegeben worden sein. Aber wenn man sich
bei ihm überhaupt nach besonderen Stimulantien umzusehen hätte,
um seine Betheiligung zu erklären, so wäre vor allem an den ihm

---

C. Attius Celsus (vielleicht dem Vorsitzenden) aufs dringendste zur Uebernahme
der Vertheidigung aufgefordert worden war (Cic. p. Corn. s. b. Asc.
p. 65, 5. b. Kiessling p. 57, 18). Die Stelle Q. Cic. de pet. cons. 13, 51: iam
urbanam illam multitudinem et eorum studia qui contiones tenent, quae
adeptus es in Pompeio ornando, *Manilii causa recipienda*, Cornelio defendendo,
excitanda nobis sunt wird nach Plutarchs und Dios Erzählung
eher auf den Repetundenprocess des Manilius zu beziehen sein. — Endlich
verlegt Asconius selbst das disturbatum iudicium Manilianum in die
erste Hälfte des J. 689, wenn er sagt: eodem illo tempore Catilina erat
reus repetundarum, was erst im J. 689 der Fall war (s. meine Abhandlung
im Rhein. Museum Bd. 31 S. 418 f.).

drohenden Repetundenprocess zu denken, der ihn im besten Fall finanziell, möglicherweise aber auch politisch zu ruiniren drohte. Wenn hienach Catilina von der Urheberschaft der ersten Verschwörung ausgeschlossen ist, so kann es sich bei der Frage, in wessen Dienst Catilina und Piso gestanden sind, nach der Ueberlieferung nur um Autronius und Sulla oder um Crassus und Cäsar handeln. Für jene sprechen die Zeugnisse des Livius und Dio, und sehr mit Unrecht hat man ihrer Darstellung keine Beachtung geschenkt. Denn wenn die Verschwörung wirklich nichts anderes wäre als was Livius und Dio und alle, die die Urheberschaft des Crassus und Cäsar in Abrede ziehen, daraus machen, nämlich ein blosses Attentat auf das Leben der Consuln Cotta und Torquatus und der Versuch mit Gewalt das gerichtliche Urtheil zu cassiren, das Sulla und Autronius vom Consulat und Senat ausgeschlossen hatte, dann wäre nicht der mindeste Grund vorhanden von Livius' und Dios Bericht abzuweichen. Aber freilich ist man nach Sallusts Vorgang gewöhnt Catilina als Verschwörer von Beruf zu betrachten und seine geistigen (Drumann II, 88) und moralischen Qualitäten als Gründe dafür geltend zu machen, dass nur er auch die „Seele" dieser Verschwörung gewesen sein könne, und während man es als baare Unmöglichkeit von der Hand weist, dass Männer wie Sulla und Autronius an ihrer Spitze gestanden sein sollten, findet man in den „moralischen, politischen und finanziellen" (Lange R. A. III, 218 f. Drumann V, 393) Verhältnissen des eben erst mit vollen Taschen von der afrikanischen Statthalterschaft heimgekehrten Catilina alle Bedingungen zur Anstiftung eines Komplotts erfüllt, dessen Triebfeder die Habgier gewesen sein soll.

Der wahre Grund, warum Sulla und Autronius nicht die Urheber und Häupter dieser Verschwörung gewesen sein können, ist vielmehr derselbe, der auch Catilina von der Urheberschaft ausschliesst, nämlich dass dieses Unternehmen nach Umfang und Zweck bedeutender war, als dass Männer an seiner Spitze hätten stehen können, deren Absichten allerdings nur die hätten sein müssen, „die Gewalt an sich zu reissen, um Schuldentilgung zu erwirken, sich an den Schätzen der Nobilität zu bereichern und dann für das folgende Jahr eine reiche Provinz zur sattsamen Befriedigung der wüsten Habgier zu erlangen" (Halm, Einl. z. d. Catil. § 6. Drumann II, 88. V, 393). Dies zu beweisen genügen die anerkannten Thatsachen, die über die Ausdehnung, den Zweck und die unmittelbaren Folgen der Verschwörung überliefert sind.

Eine dieser Thatsachen ist unzweifelhaft Sallusts (18, 5) Angabe, dass im Plan der Verschwörung vorgesehen gewesen sei, nach glücklichem Erfolg des Attentats den Cn. Piso mit einem Heere als Statthalter der beiden Spanien abzusenden. Die Verbindung mit Spanien hoffte man — nach Drumanns III, 65 f. V, 395 zwar unsicher durch Cic. post red. ad pop. 7, 17 belegter, aber an

und für sich höchst wahrscheinlicher Combination — durch die
Flotte des Legaten L. Gellius herstellen zu können, den Pompejus
noch im J. 688 im tuskischen Meer kreuzen liess, um vollends mit
den Seeräubern aufzuräumen (Appian, bell. Mithr. c. 95). Offenbar
war demnach von Anfang an die Eventualität eines Bürgerkriegs in
Aussicht genommen, dessen Stützpunkt eine überseeische Provinz
werden und dessen Schauplatz daher eine Ausdehnung gewinnen
sollte, welche die bedeutendsten militärischen Subsidien voraussetzte.
Nun ist es aber einerseits unbegreiflich, dass ein Attentat auf die
neuantretenden und die gewaltsame Rehabilitirung der verurtheilten
designirten Consuln es nöthig gemacht haben sollte so weitgehende
Consequenzen in Aussicht zu nehmen, unbegreiflich ferner, dass es
der militärischen Beherrschung der beiden Spanien bedurft haben
sollte, um die Behauptung und willkürliche Verwaltung des usur-
pirten Consulats und Proconsulats, d. h. ein Unternehmen zu ermöglichen, das weder die Verfassung noch die Parteistellung zu
verändern, sondern nur die Habgier einiger heruntergekommener
Patricier zu befriedigen beabsichtigt hätte, unbegreiflich endlich,
dass, was die Ausführung der radicaleren Pläne der zweiten Verschwörung nicht zu erfordern schien (vgl. Cic. p. Sull. 20, 57: iam
vero illud quam incredibile, quam absurdum, qui Romae caedem
facere, qui hanc urbem inflammare vellet, cum familiarissimum suum
dimittere ab se et amandare in ultimas terras! Utrum quo facilius
Romae ea quae conabatur efficeret, si in Hispania turbatum esset?
at haec ipsa per se sine ulla coniunctione agebantur s. unten S. 730),
damals sollte für nöthig erachtet worden sein. Andererseits aber,
wenn die Sicherung des Erfolgs dies dennoch erfordert hätte, wenn
ein Sulla und Antronius oder Catilina selbst damals weitschauender
und vorsichtiger gewesen wäre als später, wie hätten dann Männer
an ein solches Unternehmen denken können, die weder über eine
Partei noch über den Einfluss und die Mittel verfügten, um in einigen Monaten, beziehungsweise Wochen — Catilinas Rückkehr aus
Afrika fand um die Mitte des Jahres, der Ambitusprocess kaum
früher als im September statt — zu einem der gemeinsten Selbstsucht der Urheber dienenden und unter solcher Leitung höchst gefährlichen Unternehmen die nöthigen Theilnehmer und Hilfsquellen
aufzubringen?

Aber hören wir weiter: Catilina hatte sich schon am letzten
December 688 so stark verdächtigt, dass die Consuln eine Leibwache
bekamen, und am 5. Februar muss sich der Bestand der Verschwörung vollends in einer Weise kundgegeben haben, dass nunmehr der
Consul Torquatus die Sache einem Vertrautenrath (Cic. p. Sull. c. 4)
und dem Senat (Dio 36, 44) zur Berathung vorlegte. Gegen den
Senatsbeschluss intercedirte ein Tribun, und nun wurde nicht nur
von gerichtlicher Verfolgung Abstand genommen, sondern die Verschwörung selbst officiell dementirt, indem von Staatswegen gerade

den am stärksten compromittirten Mitverschworenen, Catilina und Piso (Cic. Cat. 1, 6, 15; Sall. 18, 8; Dio 36, 44 fin.), demonstrativer Vorschub geleistet wurde. Denn einige Monate später leistete der Consul Torquatus seinem Attentäter Catilina in seinem Repetundenprocess gerichtlichen Beistand (Cic. p. Sull. 29, 81: in ipsa suspicione periculi sui advocationem hominis improbissimi sella curuli atque ornamentis et suis et consulatus honestavit) und gab bei dieser Gelegenheit hinsichtlich jener Verschwörung die unverfrorene Erklärung ab: se audisse aliquid, non credidisse (Cic. a. a. O.), so dass die Geschworenen sich ihres Wahrspruchs nicht mehr zu schämen brauchten; Piso aber bekam vom Senat ultro extra ordinem (Suet. Caes. 9) als Quästor mit den Befugnissen eines Statthalters das diesseitige Spanien als Provinz (Sall. 19, 1. Asc. p. 94. Dio 36, 44). — „Die Consuln," heisst es zur Erklärung dieser Thatsachen bei Lange, R. A. III, 220 f. (vgl. Drumann II, 89), „wagten nicht energisch einzuschreiten, sei es dass die Thatsachen zum Beweise nicht offen genug vorlagen, sei's dass sie die vornehmen Gönner der Verschworenen scheuten, man zog desshalb vor die Verschwörung zu ignoriren". Allein an Beweisen kann es wenigstens Piso und Catilina gegenüber nicht gefehlt haben: belangte man ja doch sogar Sulla und ohne Zweifel auch Autronius und Varguntejus (vgl. Cic. p. Sull. 2, 6 f. mit 24, 67) noch nachträglich im J. 692 wegen ihrer Betheiligung an dieser Verschwörung. Auch der Legat Gellius, der suam classem attentatam magno cum suo periculo paene sensit (Cic. post red. ad pop. 7, 17) wird es nicht verschwiegen haben, dass man und wer seine Flotte zum Abfall habe bewegen wollen. Es musste also doch ausschliesslich die Furcht vor den hohen Gönnern der Verschworenen der Grund der Schwäche des Senats und der Consuln gewesen sein. Aber auch bei der zweiten Verschwörung waren Crassus und Cäsar der Mitwisserschaft verdächtig (Sall. 17, 7. 48, 5. 49). Und doch kam auf die erste Denunciation der Verschwörung hin das Senatus Consultum ultimum zu Stande, die Häupter der Schuldigsten fielen, andere Anhänger Catilinas wurden vor Gericht gezogen und verurtheilt (Dio 37, 41). Die angeblichen vornehmen Gönner selbst liess man unangetastet, aber man sorgte dafür, dass sie sich durch Desavouirung der Verschworenen von dem Verdachte reinigten (Sall. 47, 4). Warum verfuhr man im J. 689 nicht ebenso? Warum griff man erst nach der zweiten Verschwörung gerichtlich auch auf die erste zurück? Aber wenn auch das Unterbleiben gerichtlicher Verfolgung im Hinblick auf die offene, in der tribunicischen Intercession und der persönlichen Verwendung des Crassus für Piso (Sall. 19, 1) sich kundgebende Protection erklärbar ist, so wäre die Thatsache dieser offenen und öffentlich anerkannten Protection selbst das grösste Räthsel, wenn das Komplott nichts anderes beabsichtigt hätte als dem Autronius und Sulla oder Catilina die Vollmacht zu geben ein Jahr in Rom und ein weiteres in

einer Provinz nach Willkür zu wirthschaften. Für die Theilnehmer an
einem solchen Komplott öffentlich eintreten hiess sich selbst brandmarken. Und doch soll Crassus, der es, wie er selbst sagte, als eine
schwere Schmach empfand, der Mitschuld an der zweiten Verschwörung verdächtigt worden zu sein (Sall. 48, 9), Pisos Entsendung
nach Spanien im Senat ausgewirkt haben. Konnten und durften
andererseits unter der Voraussetzung eines solchen Komplotts die
hohen Gönner von der Regierung so sehr mit den Verschworenen
identificirt werden, dass man es hätte für opportun halten müssen,
die Attentäter nicht nur nicht zu bestrafen, sondern sie von Staatswegen aufs glänzendste zu rehabilitiren, ja ihren Plänen geradezu gesetzliche Sanction zu ertheilen? Bekam ja doch Piso nun von Rechtswegen die Provinz, die ihm von den Verschworenen zugedacht war,
und für Catilina war der gerichtliche Beistand des Consuls gleichbedeutend mit der Freisprechung in einem Processe, in welchem ihn
freisprechen so viel hiess als urtheilen, dass es am Mittag nicht hell
sei (Cic. ad Att. I, 1, 1) und ebendadurch gleichbedeutend mit dem
Wegfall des Hindernisses zum ersehnten Consulat zu gelangen.
Offenbar wird die Wirkung der tribunicischen Intercession auf die
Behörden nur dann verständlich, wenn die Verschwörung nicht ein
Komplott einiger Anarchisten, sondern ein tief ins Parteileben eingreifendes politisches Unternehmen war und unter der Leitung von
so hervorragend bedeutenden und einflussreichen Männern stand,
dass die Regierungspartei darauf angewiesen war sich in der bescheidensten Defensive zu halten und sich vor weiteren extremen
Schritten durch Concessionen zu sichern. Aber auch dann noch,
wenn die Verschwörung gegen die Nobilität selbst gerichtet gewesen wäre, bliebe die Art und Weise räthselhaft, in der man auf
die Pläne der Verschworenen eingieng.

Nun berichtet aber Sallust c. 19, dass die persönliche Feindschaft des Piso mit Pompejus der Grund gewesen sei, warum
Crassus seine Mission nach Spanien betrieben habe; der Senat sei
seinerseits nicht ungern darauf eingegangen, um den unheimlichen
Menschen von der Stadt zu entfernen, zugleich aber weil eine
Fraction desselben in ihm einen Schutz zu finden geglaubt und
schon damals die Macht des Pompejus Besorgniss erregt
habe; Piso aber sei nach der offenbar von Sallust selbst für wahrscheinlicher gehaltenen (vgl. Asc. p. 94, 6) Version des Gerüchts
von verkappten Pompejanern, spanischen Reitern seines Gefolgs, im
Auftrag ihres Patrons ermordet worden. Mit unverkennbarer Deutlichkeit ist hier die ausschliesslich und auch von der Gegenseite
richtig verstandene antipompejanische Tendenz der politischen Mission Pisos gekennzeichnet. Nicht bloss um Piso „als ein eventuell
brauchbares Werkzeug gegen Pompejus zu erhalten" (Lange R. A.
III, 221) haben Crassus und ein Theil der Optimaten ihn nach
Spanien geschickt (dazu war kaum Verschickung nothwendig), son-

dern offenbar um Pompejus direct durch ihn zu schaden, und nicht
sowohl in seiner Person als in seiner Wirksamkeit in Spanien
glaubten sie eine Stütze gegen die drohende Militärdictatur des
Pompejus zu finden. Und mit dieser Tendenz war augenscheinlich
auch die Senatsmajorität einverstanden. Denn wäre es ihr nur um
die Entfernung des gefährlichen Revolutionärs zu thun gewesen, so
hätte man ihm ja nicht gerade das reiche und militärisch wichtige
Spanien, in dem überdies Pompejus vom Sertorianischen Krieg her
noch bedeutenden Einfluss besass (Sall. 19, 5), als Provinz zu geben
gebraucht. War demnach Pisos Mission ein fast unverblümter politischer
Schachzug einer von der Nobilität unterstützten Opposition gegen
Pompejus, so ist die Folgerung geradezu zwingend, dass auch die
schon im Verschwörungsplan gelegene Absicht Piso mit einem Heere
und den Befugnissen eines Statthalters nach Spanien zu detachiren
gegen Pompejus gerichtet und nichts anderes bezweckte als eine
Operationsbasis in einem eventuellen Bürgerkrieg gegen Pompejus
zu gewinnen. Unter dieser Voraussetzung, dass die Verschwörung selbst in letzter Instanz gegen „die schon damals bedrohliche Uebermacht des Pompejus"[17]) gerichtet war, erklärt sich
nunmehr aufs einfachste das Verhalten der Regierungspartei. So
sehr sie verhüten musste die Staatsgewalt in die Hände der Verschworenen gelangen zu lassen, so wenig lag es, nachdem dies erreicht war, in ihrem Interesse die Verschworenen, deren Partei
allein ein Gegengewicht gegen Pompejus zu bilden versprach, durch
gerichtliche Verfolgung und Aufdeckung ihrer Pläne entweder politisch zu vernichten oder zum Aeussersten zu treiben. Es galt vielmehr ihre Absichten, soweit sie gegen Pompejus gerichtet waren, bis
zur Herstellung eines gewissen Gleichgewichts der gefahrdrohenden
Mächte, wie es für ihre eigene politische Existenz am förderlichsten
war, zu unterstützen. Und dies geschah durch die Uebertragung
einer der spanischen Statthalterschaften an Piso unter Verleihung
eines seinem Rang an sich nicht zukommenden selbstständigen imperium. Dann aber galt es das Verhalten der Regierung zu rechtfertigen. Und so diente als officieller Vorwand ein politischer Auftrag (Dio 36, 44: πρόφασιν ὡς ἐπ' ἀρχήν τινα. Asc. p. 94, 4:
per honorem legationis), als officiöser seine Gefährlichkeit für die
Ruhe der Hauptstadt (Sall. 19, 2). Die Passivität der Regierungsorgane überhaupt aber gegenüber einer ruchbar gewordenen Verschwörung konnte ihre Rechtfertigung nur in einem öffentlichen

---

17) Sall. 19, 2. 17, 7: fuere item ea tempestate qui crederent M.
Licinium Crassum non ignarum eius consili fuisse: quia Cn. Pompeius
invisus ipsi magnum exercitum ductabat, cuiusvis opes voluisse contra
illius potentiam crescere. Vgl. Cic. de leg. agr. II, 17, 46: atque iidem
qui haec appetunt, queri nonnumquam solent omnes terras Cn. Pompeio
atque omnia maria esse permissa. ibid. § 44 s. unten S. 732 A. 25.

Dementi finden, wozu der Repetundenprocess des Catilina eine passende Gelegenheit darbot. Dass bei diesem Endziel der Verschwörung nur Crassus und Cäsar als die beiden Männer, die bei einem solchen Unternehmen zunächst interessirt und ihm allein durch äussere und geistige Mittel gewachsen waren, Urheber und Leiter der Verschwörung gewesen sein können, unterliegt wohl keinem Zweifel. Auch ist es nur die Verkennung des Charakters und Zwecks der Verschwörung, was dem Zugeständniss entgegensteht, dass sie wirklich Urheber und Leiter, nicht bloss „Gönner" und Mitwisser gewesen sind, „die das Unternehmen aus der Ferne mochten gefördert haben, aber in der Hoffnung, dass es misslingen werde" (Drumann II, 88). Hätte es sich damals wie bei der zweiten Verschwörung um eine sociale Revolution oder, wie angenommen wird, um Ermöglichung eines kurzen Willkürregiments einiger Patricier gehandelt, dann allerdings wäre wenigstens die Betheiligung des Cäsar und Crassus ausgeschlossen. Nun fehlt aber bei der Verschwörung von 688 gerade das specifische Merkmal der zweiten: die Aufwieglung der anarchistischen Elemente in Rom und Italien. Wir hören nichts von sullanischen Veteranen, Gladiatoren und anderen Sclaven, nichts von Brand, von Mord in grossem Massstab, von Plünderung und Proscriptionen; und dass Catilina schon damals Haupt einer Anarchistenpartei gewesen, mit der die demokratische sich verbündet habe, ist eine von Mommsen R. G. III^5, 163 ff. ausgesprochene — Vermuthung, gegen deren Wahrscheinlichkeit schon die Kürze der Zeit spricht, die zwischen der Rückkehr Catilinas aus Afrika und dem Beginn der Verschwörung liegt, zumal wenn mit Mommsen, Röm. Staatsrecht I, 411 A. 2 anzunehmen wäre, Catilina sei erst gegen das Ende des Jahrs 688 zurückgekommen. An Anarchisten hat es freilich auch damals nicht gefehlt, aber als Partei treten sie, wie sich aus Cicero pro Mur. 26, 51 ergibt, erst zur Zeit der Consularcomitien für 692 auf. Nach völlig übereinstimmendem Bericht der Quellen ist vielmehr die einzige Gewaltthat, die damals hätte zur Ausführung kommen sollen, die Ermordung der an der Spitze des Staats stehenden Männer, und eben nur zu diesem Zweck wurde die persönliche Hilfe des Bandenführers Catilina in Anspruch genommen. Gerade der Umstand aber, dass, wo auch von dieser Verschwörung die Rede ist, nur dieser Mordplan besonders hervorgehoben, ja meist das ganze Komplott kurzweg als Attentat auf die Consuln und andere Senatshäupter bezeichnet wird (vgl. oben S. 706 f.), weist an sich schon darauf hin, dass diese Verschwörung nichts anderes war als ein auf den Amtsantritt der Consuln geplanter Handstreich, der die Regierungsgewalt factisch in die Hände des Crassus und Cäsar hätte gelangen lassen sollen.

In wie weit Crassus und Cäsar sich activ bei der Action betheiligt, wie sie im Fall des Gelingens den Staat organisirt und welche Stellung sie für sich selbst in Anspruch genommen hätten, darüber sind naturgemäss nur Vermuthungen möglich. Wenn auch hierüber die Gerüchte mit detaillirtester Bestimmtheit sich aussprechen: Cäsar selbst habe durch Fallenlassen der Toga das Zeichen zum Blutbad geben sollen, sei aber dadurch daran verhindert worden, dass Crassus aus Reue oder Furcht ausgeblieben sei. Crassus ferner hätte Dictator, Cäsar Reiteroberst werden, dann nach vollzogener Staatsreform hätten Sulla und Autronius ihr Consulat zurückerhalten sollen (Suet. Caes. 9), so kann zwar nicht, wie Hagen S. 95 meint, gerade diese Bestimmtheit als Beweis für die Wahrheit des Gerüchts geltend gemacht werden — denn wann hätte ein auch noch so vages Gerücht nicht im Munde des Volks Leben und Farbe gewonnen! —, aber die Hauptsache, die Urheberschaft und unmittelbare Betheiligung des Crassus und Cäsar, bleibt unangetastet, auch wenn es sich thatsächlich nicht um sofortige Aufrichtung einer Militärdictatur gehandelt, sondern durch die Oktroyirung demokratischer Consuln zunächst nicht mehr hätte erreicht werden sollen als Besetzung des obersten Staatsamts mit Creaturen (für 689: Sulla und Autronius; für 690: Catilina; 689 war Crassus selbst Censor, Cäsar curulischer Aedil), dadurch Beherrschung der Gesetzgebung und Gerichte und durch Pisos Entsendung nach Spanien nur die Grundlage einer Militärmacht hätte geschaffen werden sollen, mit der in jedem Augenblick der drohenden Militärdictatur des Pompejus wirksam hätte Schach geboten werden können.

Und wie, wenn nun, was die unbezweifelten Thatsachen der Ueberlieferung bewiesen haben, durch das ausdrückliche Zeugniss glaubhafter Berichte bestätigt wird? Zur Verdunkelung der Wahrheit hat offenbar am meisten die Betheiligung Cäsars beigetragen. Seine spätere politische Stellung musste bei den Zeitgenossen die Entscheidung für oder wider ihn zu einer Parteifrage machen. Von ihm selbst und seiner Partei geschah natürlich das Möglichste die Erinnerung an jenes Bündniss mit Catilina zu verwischen. Am meisten jedoch that Catilina selbst mit seiner Verschwörung für ihn. Wenn schon vorher Dank den Bemühungen der Regierung die Sache todtzuschweigen den meisten die Bedeutung jener Bewegung unklar geblieben sein mag, so warf die Verschwörung von 691 vollends ein ganz falsches Licht darauf, und Cicero liess es sich angelegen sein das Missverständniss zu nähren. In Folge der falschen Gleichstellung der beiden Verschwörungen aber war die amtliche Dementirung seiner Theilnahme an der zweiten zugleich eine officielle und bei seinen Anhängern auch eine moralische Reinigung von dem Verdacht der Theilnahme an der ersten. Und so konnten jetzt seine früheren Mitverschworenen noch nachträglich gerichtlich belangt werden, wenn sie zugleich bei der zweiten betheiligt waren oder dafür galten. Cäsar selbst aber hätte den allgemeinen Verdacht nicht besser entwaffnen können als indem er im J. 695/59 als Consul es ruhig geschehen liess, dass sein Amtsgenosse M. Bibulus in öffentlich angeschlagenen Edicten (Suet. Caes. 9. 49), die ungemeine Sensation erregten (Cic. ad. Att. II, 21, 4), ihn als Theilnehmer an der Verschwörung von 688 denuncirte. Das Tendenziöse dieser Verbreitung des Gerüchts musste bewirken, dass es nur noch von entschiedenen Anticäsarianern colportirt wurde. Daher darf, obgleich unter den zeitgenössischen Quellen, denen Sueton folgt, tendenziöse Animosität gegen Cäsar nur von Bibulus und dem Redner C. Scribonius Curio (vgl. Teuffel, Röm. Literaturgesch. 3. Aufl. § 153, 6) nachgewiesen ist, doch mit Recht auch von Tanusius Geminus und M. Actorius Naso [18]) anticäsarische Gesinnung angenommen werden, eben weil sie jener Zeit angehören (vgl. Teuffel a. a. O. § 204 fin., 210). Bei dieser Sachlage und da überhaupt die Opposition immer mehr dem Verdacht tendenziöser Entstellung der Wahrheit ausgesetzt ist, kann es nicht Wunder nehmen, dass ein Geschichtschreiber wie Livius eben in seinem crustlichen Streben nach Unparteilichkeit [19]) zu einem für Cäsar, aber dann consequenterweise auch für Crassus freisprechenden Urtheil gelangte oder, was wahrscheinlicher ist, sich des Urtheils enthielt.

Sind somit die Berichte der Quellen, die in die Zeit des politischen Antagonismus für oder gegen Cäsar fallen, an sich für die Entscheidung der Frage unbrauchbar, so sind dagegen diejenigen bedeutungsvoll, die über diese Zeit hinaus oder vor sie fallen. Dio [20]) zwar ist ohne Zweifel Livius gefolgt und zwar so, dass sein ganzer Bericht über diese Verschwörung auf der Autorität des Livius beruht; aber von unbedingtem Werth ist das Zeugniss Suetons. Er stand jener Zeit fern genug, um mit vollkommener Unparteilichkeit die Quellen zu prüfen und gibt z. B. bei der Erwähnung der Denunciationen, die Cäsar der Theilnahme an der zweiten Verschwörung bezichtigten (Caes. 17), in keiner Weise zu merken, dass er

---

18) Uebrigens scheint doch Sueton selbst die Unparteilichkeit des Naso höher zu taxiren als die des Curio, wenn er als Gewährsmänner des Gerüchts von einer Wiederaufnahme des Insurrectionsplans durch Cäsar und Piso 'eben diesen Curio, aber nicht nur ihn, sondern auch den M. Actorius Naso' anführt (Caes. 9).

19) Sympathieen hat Livius begreiflicherweise für Cäsar nicht gehabt noch auch nur annähernd seine Bedeutung verstanden. Sein Ideal war Pompejus und Cäsars Mörder waren ihm ausgezeichnete Männer (Tac. Ann. IV, 34); aber gerecht suchte er auch Cäsar zu werden. Vgl. Sen. nat. quaest. V, 18, 4: quod de Caesare olim maiore volgo dictitatum est a T. Livio positum in incerto esse utrum illum magis nasci reipublicae profuerit an non nasci, dici etiam de ventis potest.

20) Abgesehen davon dass Livius für die Geschichte der Republik in der Kaiserzeit mehr und mehr ausschliesslich massgebend wurde (Teuffel, R. L.³ S. 62), spricht vor allem die Uebereinstimmung in der Datirung des Anfangs der catilinarischen Verschwörung (vgl. Dio 37, 30 mit Liv. Perioch. libr. 102 s. u. S. 756) dafür, dass Dio auch in dieser Periode mehr Livius als Sallust gefolgt ist.

selbst von deren Berechtigung überzeugt wäre. Wenn er dagegen
bei der Berührung der ersten Verschwörung, obwohl er seinen Bericht nicht selbst vertritt, sondern nicht weniger als vier Gewährsmänner anführt, sich unverkennbar mit Ueberzeugung für die anticäsarische Version der Gerüchte entschieden hat (vgl. Caes. 7 f.),
so hat er dies mit dem vollen Bewusstsein gethan, dass er damit
dem Zeugniss der politischen Gegner Cäsars folge. Denn das Tendenziöse ihrer Darstellung musste ihm aus den Blasphemieen des
Bibulus und Curio und aus der ganzen Haltung der geschichtlichen
Quellen hinlänglich klar geworden sein (vgl. Caes. 49 f. 52).

Höchst berücksichtigenswerth sind sodann die beiden frühsten
Zeugnisse über die Urheber jenes Komplotts: die in den Jahren 689
und 690 im Senat ausgesprocheuen unzweideutigen Bezichtigungen
des Cäsar und Crassus durch den damaligen Censor Q. Lutatius
Catulus und durch Cicero. Catulus nemlich, der damals zu persönlicher Feindschaft gegen Cäsar noch keinen directen Grund hatte
(vgl. Sall. 49, 2), that aus Anlass der Senatsverhandlung über die
Wiederaufrichtung der Siegesdenkmale und der Bildsäule des Marius
auf dem Capitol, wodurch sich Cäsar die lebhaftesten Sympathieen
des Volks zu gewinnen gewusst hatte, in seiner Polemik gegen
Cäsar die nach den Vorgängen der jüngsten Vergangenheit nicht
misszuverstehende Aeusserung, die Plutarch Caes. 6 so wiedergibt:
οὐκέτι γὰρ ὑπονόμοις Καῖσαρ, ἀλλ' ἤδη μηχαναῖς αἱρεῖ τὴν πολιτείαν. Cicero aber lässt zwar in den Reden nach dem Ausbruch
der zweiten Verschwörung den Catilina dadurch consequent als Haupt
beider erscheinen, dass er sie in zeitlichen Zusammenhang setzt (Cat.
1, 13, 31; p. Mur. 38, 82; p. Sull. 24, 67); vor der zweiten Verschwörung dagegen, in seiner indirect gegen Cäsar und Crassus
gerichteten Candidatenrede p. 93, 17 f. (s. oben S. 706) lässt er neben
Catilina und Piso noch andere Ungenannte an dem Mordplan gegen
die Optimaten Theil haben und eine noch deutlichere Sprache spricht
er in tog. cand. p. 94, 18 (s. unten S. 734 A. 27), wenn er die 'übelgesinnten Bürger', die vergebens versucht hätten *Hispaniensi pugiunculo* nervos incidere civium romanorum d. h. die Urheber der ersten
Verschwörung als identisch bezeichnet mit denen, die jetzt durch
Unterstützung der Bewerbung des Antonius und Catilina um das
Consulat für 691 versuchen *duas uno tempore in rempublicam
sicas destringere*. Wer die mali cives waren, die damals alle Minen
springen liessen, um Catilinas und Antons Wahl durchzusetzen, war
ein öffentliches Geheimniss, und vermuthlich wusste Ciceros damaliges Publikum selbst das, was Ascon p. 83, 18 im Zweifel lässt,
ob Cäsar oder Crassus mit dem quidam homo nobilis et valde in hoc
largitionis quaestu doctus et cognitus gemeint sei, in dessen Haus
in der Nacht vor der Rede eine finanzielle Besprechung mit Catilina
und Antonius stattgefunden hatte. Die ausdrückliche Bestätigung
der Thatsache, dass Cicero die Leiter der damaligen Wahlbewegung

mit den Urhebern der ersten Verschwörung identificirte, hat Asconius p. 83 in der von ihm sog. expositio consiliorum des Cicero, einer nach Cäsars Tod herausgegebenen Geheimgeschichte (Teuffel R. L. § 188, 5), gefunden, wo Cicero den Cäsar und Crassus als die acerrimi et potentissimi refragatores seiner Bewerbung bezeichnet und eius quoque²¹) coniurationis, quae Cotta et Torquato coss. facta est a Catilina et Pisone, arguit M. Crassum auctorem fuisse. Seine Ueberzeugung von Cäsars Mitschuld aber hat Cicero in einem Briefe an einen gewissen Axius kundgegeben referens Caesarem in consulatu (706/48) confirmasse regnum de quo aedilis (689/65) cogitarat (Suet. Caes. 9). Nicht dass Catulus und Cicero diese Ueberzeugung hatten, aber dass sie ihr in öffentlicher Rede den Beschuldigten gegenüber unzweideutigen Ausdruck gaben und geben konnten, spricht um so mehr für die Allgemeinheit und Berechtigung der Anklage, als bis dahin nichts vorgelegen war, was Grund zu diesem Verdachte hätte geben können.

Bei diesem Stand der Dinge müssten nun die Gründe sehr dringend sein, wenn sie die Kritik berechtigen sollten von dem, was Thatsachen und directe Zeugnisse beweisen, zu Gunsten eines Geschichtschreibers abzuweichen, der in der Hauptfrage mit dem besten Willen nicht unparteiisch sein konnte. Sallusts politische und persönliche Beziehungen zu Cäsar und der demokratischen Partei sind anerkannt (vgl. Teuffel, über Sallustius und Tacitus im Doctorenverzeichniss von 1868. Tübingen. S. 3); aber was sich daraus für seine Darstellung dieser Verschwörung mit Nothwendigkeit ergibt, ist, wie es scheint, im Alterthum besser gewürdigt worden als in der Neuzeit. Denn da eine wahrheitsgetreue Schilderung von Seiten Sallusts wenige Jahre nach Cäsars Tode geradezu einer politischen Apostasie gleichgekommen wäre und sonst wenigstens der Grundsatz galt, dass die Wahrheit nicht bei denen gesucht werden darf, die dadurch selbst belastet würden, so kann es nicht Wunder nehmen, dass keiner der alten Geschichtschreiber dem Berichte Sallusts gefolgt ist. Dass derselbe die Wahrheit entstellt, ist denn auch keine Frage mehr, es kann sich nur noch darum handeln, ob er wider besseres Wissen oder mit Ueberzeugung geschrieben hat. Es will mir scheinen als wäre weder das eine noch das andere ganz und völlig der Fall gewesen. 'So wahrheitsgetreu als möglich zu berichten' (18, 2) war ohne Zweifel sein ernstgemeinter Vor-

---

21) Dieses 'quoque' bezieht sich wohl nicht auf Crassus' Eingreifen in den damaligen Wahlkampf, sondern darauf, dass Cicero ihn auch der Mitschuld an der zweiten Verschwörung geziehen hat. Denn ohne Zweifel ist die Schrift, von der Plutarch Crass. 13 spricht: ὁ Κικέρων ἔν τινι λόγῳ φανερὸς ἦν Κράσσῳ καὶ Καίσαρι τὴν αἰτίαν προστριβόμενος. ἀλλ' οὗτος ὁ λόγος ἐξεδόθη μετὰ τὴν ἀμφοῖν τελευτήν, eben jene Geheimgeschichte, und Plutarch wenigstens bezieht diese Beschuldigung Ciceros auf die zweite Verschwörung.

satz, allein die Einstimmigkeit und Bestimmtheit der Gerüchte, die Cäsar und seine Partei verdächtigten, stellte allzu starke Anforderungen an die Unparteilichkeit des parteigenössischen Geschichtschreibers, als dass aus dem Widerstreit seiner Wahrheitsliebe und cäsarischer Sympathieen etwas anderes hätte entstehen können als eine seltsame Mischung von Dichtung und Wahrheit, ein nothdürftiger Kompromiss. Da er die Gelegenheit von der ersten Verschwörung zu sprechen fast vom Zaun gebrochen hat, so ist zu vermuthen, dass er eine apologetische Tendenz dabei verfolgte, indem er dieser, wie es scheint, immer noch viel ventilirten und vielleicht durch Ciceros βιβλίον ἀπόρρητον eben damals wieder angeregten Geschichte eine Darstellung zu geben suchte, die jene Gerüchte indirect widerlegen sollte. Dass Cäsar nicht Urheber des Komplotts gewesen, ist seine Ueberzeugung und konnte sie sein, schon weil er damals entweder überhaupt noch nicht in Rom oder wenn auch, doch sicherlich noch ganz vom Genussleben absorbirt war. Dass er aber an dieser Stelle nicht eine directe Apologie Cäsars für angemessen hielt, ist an sich schon ein bedeutungsvolles Zugeständniss: er hatte der allgemeinen Meinung gegenüber keine anderen Gründe als die subjectiven seiner Ueberzeugung, während er die Denuncianten Cäsars bei der zweiten Verschwörung als dessen persönliche Feinde bezeichnen konnte (c. 49). Aber auch P. Sulla war sein Parteigenosse und Cäsars Günstling gewesen (vgl. die Stellen bei Wirz, S. 54. A. 2). Dennoch ist nicht sowohl dieser Umstand, wohl auch nicht das freisprechende Urtheil des Geschworenengerichts die unmittelbare Veranlassung für ihn gewesen sich mit der allgemeinen Ansicht in Widerspruch zu setzen und ihm den Catilina zu substituiren als vielmehr die Voraussetzung, dass es sich nur um Catilinas Consulat habe handeln können. Aber wiederum sucht er dadurch der Ueberlieferung gerecht zu werden, dass er Sullas Theilnahme nicht ausdrücklich in Abrede zieht, was zur Vermeidung von Missverständnissen dringend nothwendig gewesen wäre, nachdem er ihn in der verdächtigen Gesellschaft des Autronius und der andern, die Grund hatten sich zu verschwören, genannt hatte. — Dass er ferner Catilina schon damals auf das Consulat aspiriren lässt, ergab sich ihm aus seinen Ansichten über die Entstehung der catilinarischen Verschwörung. Nach seiner Meinung trug sich ja Catilina schon seit den Zeiten des Bürgerkriegs mit den Plänen seiner Alleinherrschaft. Die Stufe dazu sollte ihm das Consulat sein (Sall. 16, 5. 21, 3). Wie konnte Sallust annehmen, dass der Mann, der nach dem Diadem strebte und eben damals von der Bewerbung ums Consulat ausgeschlossen worden war, sich mit der Henkerrolle begnügt und zu Gunsten eines Sulla und Autronius mitgewirkt habe? Dennoch erscheint auch bei ihm Catilina nicht entschieden und ausschliesslich als das Haupt der Verschwörung, sondern ausdrücklich nur als ein hervorragender, aber mit Autronius vollkommen gleichgestellter (18, 5) Theilnehmer (vgl. 18, 1: sed antea item coniuravere pauci contra rempublicam, in quibus Catilina fuit). Indem endlich Sallust die Besprechung dieser Verschwörung an das Gerücht anknüpft, das Crassus als Mitwisser bei der zweiten bezeichnete (17, 7), und mittheilt, dass Piso auf Betreiben des Crassus Spanien als Provinz erhalten habe, gibt er selbst der Vermuthung Raum, dass Crassus auch bei jener Verschwörung seine Hand im Spiel gehabt hat und dass dieselbe in letzter Instanz ein Komplott gegen Pompejus gewesen ist. Mit diesen Concessionen an die Wahrheit, die beträchtlich genug sind, um aus seiner eigenen Darstellung den wahren Sachverhalt zu reconstruiren, hat Sallust in der That sein Möglichstes gethan dem vorausgeschickten lobenswerthen Vorsatz treu zu bleiben. Die Befangenheit und Unentschiedenheit seines Urtheils musste zwar die Wahrheit verdunkeln, aber die gründlich falsche und erst in der Neuzeit entstandene (vgl. Sall. 19, 6. Cic. p. Sull. 4, 11) Annahme einer sog. ersten catilinarischen Verschwörung konnte bei genauerer Prüfung auch aus ihm nicht gewonnen werden.

2.
Wann und wie ist Catilinas Verschwörung entstanden?

Für den durchgreifenden Unterschied der beiden Verschwörungen hat Sallust selbst durch seine Darstellung des Verlaufs der catilinarischen einen höchst beachtenswerthen Beweis geliefert. Ihr Entwicklungsgang ist nach ihm folgender: Entstehung des Plans in Catilina: post dominationem Luci Sullae (5, 6); Anstiftung: circiter Kal. Junias 690/64 (17, 1); solenner Act der Verschwörung in geheimer Versammlung mit Ansprache an die Verschworenen und nachfolgender Besprechung über die Chancen des Bürgerkriegs (c. 20—22): kurz vor den Consularcomitien desselben Jahrs (16, 5. 21, 3 u. 5), also etwa Anfang Juli 690 (s. unten S. 749 A. 37). In Folge der durch das Kundwerden der Verschwörung veranlassten Wahlniederlage Catilinas: Vertagung der Ausführung des Plans bis zu seiner eventuellen Designation zum Consul des J. 692; Entschluss zur definitiven Aufnahme des Bürgerkriegs: nach der wiederholten Niederlage bei der Wahl für 692 (26, 5). Entdeckung der Verschwörung: Ende (21.) Oktober 691 (29, 1 mit 30, 1). Ausbruch des Bürgerkriegs: nach dem 8. November (32, 1. 36, 1). Der Charakter der Verschwörung ist von Anfang an der einer politischen (5, 6. 20, 7) und socialen (21, 2. 35, 3) Revolution (opprimundae reipublicae consilium 16, 4). Urheber und oberster Leiter ist ausschliesslich Catilina, sein Vorbild Sullas Revolution (5, 6. 16, 4. 21, 4), sein eigenes Ziel die Monarchie (5, 6).

Hätte Sallust dieser von langer Hand geplanten Verschwörung

die erste organisch einfügen, sie beide als zwei Versuche einen und
denselben Plan zur Ausführung zu bringen darstellen wollen, so
hätte er offenbar seine Erzählung mit der ersten Verschwörung beginnen, und, wie Mommsen (s. unten S. 814), alle einleitenden
Schritte, die er Catilina vor den Wahlcomitien für 691 thun lässt,
ins Jahr 688 verlegen müssen. So aber erwähnt er ganz beiläufig
den nicht uninteressanten Umstand, 'dass auch früher schon einmal
einige Männer, darunter Catilina, eine politische Verschwörung angestiftet haben', und zeigt dadurch aufs deutlichste, dass er die
beiden Verschwörungen nicht als zusammengehörig betrachtet wissen
will, dass vielmehr das einzige Band, das sie in seiner eigenen Auffassung verbindet, der Name des Crassus ist, der angeblich, und der
des Catilina, der sicher auch damals schon betheiligt war. Die
Verschwörung, die er im J. 690 beginnen lässt, erscheint also bei
ihm in keiner Weise als Fortsetzung noch auch nur als Erneuerung
der früheren, sondern als Stiftung einer völlig neuen Verschwörung.
Dies hat Baur (württ. Correspondenzblatt v. 1870 S. 264 ff.) vollkommen verkannt, wenn er 'die völlige Uebereinstimmung der Zeitgenossen Cicero und Sallust auch in Bezug auf den Anfang der
Verschwörung Catilinas' mit jenen Stellen beweisen zu können meint,
wo Cicero in stereotyper Wendung die zweite Verschwörung als eine
Fortsetzung der ersten, beide als Wirkungen eines progressiven
furor des Catilina darstellt, dessen Ausbruch im J. 689 noch durch
besondere göttliche Fügung (Cic. Cat. III, 8, 19. I, 6, 15) verhindert worden und augenscheinlich seinem Consulat vorbehalten gewesen sei [22]).
Da hienach Cicero den Anfang der Verschwörung ins J. 688, Sallust ins
Jahr 690 verlegt, so ist vielmehr ein unzweifelhafter Widerspruch der
beiden Zeitgenossen zu constatiren. Dass dies freilich nicht Ciceros
wahre Meinung ist, ist ebenso sicher als der Grund naheliegend,
warum er die Sache so dargestellt hat. In erster Linie war gewiss
die ungemessene Ruhmsucht des pater patriae dabei betheiligt, die
besonders in jenem noch unter dem frischen Eindruck seiner Verdienste geschriebenen politischen Memorandum (Cic. p. Sull. 24, 67.
Schol. Bob. p. 271: epistula non mediocris ad instar voluminis
scripta, quam Pompeio in Asiam de rebus suis in consulatu gestis
miserat) auch im übrigen einen etwas zu ungeschminkten Ausdruck
fand (aliquanto, ut videbatur, insolentius scriptam, ut Pompei stomachum non mediocriter commoveret (vgl. Cic. ad fam. V, 7), quod

---

22) Cic. Cat. I, 13, 31: etenim iam diu, P. C., in his periculis coniurationis insidiisque versamur, sed nescio quo pacto omnium scelerum
ac veteris furoris et audaciae maturitas in nostri consulatus tempus
erupit. p. Mur. 38, 82: omnia quae per hoc triennium agitata sunt iam
ab eo tempore quo a L. Catilina et Cn. Pisone initum consilium senatus
interficiendi scitis esse, in hos dies, in hos menses, in hoc tempus erumpunt. p. Sull. 24, 67: furorem incredibilem biennio ante conceptum
erupisse in meo consulatu.

quadam superbiore iactantia omnibus se gloriosis ducibus anteponeret).
Daneben aber wirkte wohl das politische Motiv mit, dass er sich
dadurch ebensowohl Pompejus als Crassus und Cäsar verpflichten
zu können meinte. Bei jenem nämlich, dem die wahre Tendenz der
ersten Verschwörung nicht verborgen geblieben sein kann, konnte
durch die Aufhebung des qualitativen Unterschieds der beiden Verschwörungen die Meinung gefördert werden, dass Cäsar und Crassus
auch bei der zweiten ihre Hand im Spiele gehabt und Cicero somit
sich durch ihre Unterdrückung persönlich um ihn verdient gemacht
habe (vgl. Hagen S. 98); Cäsar und Crassus andererseits mussten
ihm dankbar sein, wenn dem Publicum gegenüber ihre Beziehungen
zu der ersten Verschwörung dementirt und ins Dunkel gerückt
wurden. Dieses Zusammentreffen seiner individuellen Neigung mit
der politischen Opportunität liess ihn ja sogar soweit gehen, dass
er nach Enthüllung der catilinarischen Verschwörung den Catilina
zum intellectuellen und physischen Urheber aller Ungesetzlichkeiten
und politischen Machinationen stempelte, die seit einer Reihe von
Jahren die Ruhe des Staats bedroht hatten, kurz ihn als willkom-
menen Sündenbock für alles behandelte, was er nicht auf die wahren
Urheber zurückführen wollte und konnte. Nullum iam aliquot annis
facinus exstitit nisi per te, lässt er Cat. I, 7, 18 das Vaterland zu
ihm sprechen, nullum flagitium sine te: tibi uni multorum civium
neces, tibi vexatio direptioque sociorum impunita fuit ac libera: tu
non solum ad neglegendas leges et quaestiones, verum etiam ad
evertendas perfringendasque valuisti etc. Freilich lässt er dabei
ausser Acht, dass er sich damit selbst als Patron eines entsetzlichen
Verbrechers denuncirt. Denn noch im August 689 hat er die ernst-
liche Absicht gehabt trotz der Vorgänge des vergangenen Winters
Catilina vor Gericht eben in Sachen der vexatio direptioque sociorum
weisszubrennen und eine Coition zu gemeinschaftlicher Betreibung
ihrer Bewerbung um das Consulat für 691 mit ihm einzugehen (Cic.
ad Att. I, 2). Und dies wird um so gravirender, wenn er selbst
Cat. IV, 3, 6 sagt: ego magnum in republica versari furorem et
nova quaedam misceri et concitari mala iam pridem videbam. In
späterer Zeit (pro Cael. 6, 14 = 698/56) freilich, wo er Cälius
wegen seiner ehemaligen Beziehungen zu Catilina zu rechtfertigen
hatte und dabei auf seine eigenen zu reden kam, hielt er es für
angemessener zu sagen: cuius (Catilinae) ego facinora oculis prius
quam opinione, manibus ante quam suspicione deprehendi. — Es
erhellt daraus, dass alle diese Stellen vollkommen untauglich sind
irgend etwas für oder gegen Sallust zu beweisen. Denn Ciceros
Autorität ist ja überhaupt nur da eine sichere Bürgschaft, wo keine
Möglichkeit oder kein Grund zur Entstellung vorhanden sein konnte;
und nur weil Thatsachen gegenüber, deren Notorietät in der Natur
der Sache liegt, die Controle der Zuhörer oder Leser Entstellung
und die Frische der Erinnerung Irrthum auf Ciceros Seite aus-

schliessen musste, ist hauptsächlich bei chronologischen Differenzen der beiderseitigen Berichte der Fehler stets auf der Seite Sallusts zu suchen, vorausgesetzt, dass die Differenz wirklich vorhanden ist. An Belegstellen, wo Irrthum sowohl als Lüge ausgeschlossen ist, fehlt es denn auch nicht für die Thatsache, dass Cicero die beiden Verschwörungen nicht nur zeitlich auseinander hält und dem Wesen nach unterscheidet, sondern auch die zweite nicht schon im J. 690 beginnen lässt.

Denn wenn er pro Sull. 20, 56 der klägerischen Behauptung, Sittius aus Nuceria sei von Sulla ins jenseitige Spanien geschickt worden, um diese Provinz für die Verschwörung zu gewinnen, entgegenhält: primum Sittius, iudices, L. Julio C. Figulo coss. (690) profectus est aliquanto ante furorem Catilinae et suspicionem huius coniurationis etc., so ist zwar die Herabsetzung der politischen Mission des Sittius zu einer Privatgeschäftsreise unzweifelhaft eine Advocatenlüge, aber dass Cicero zwei Jahre nach den von Sallust erzählten Vorgängen und ihrer Wirkung auf den Ausfall der damaligen Consulatswahl (Sall. 23) den Geschworenen ins Gesicht behauptet haben könne, vor 691 sei selbst von einer 'suspicio huius coniurationis noch keine Rede gewesen, ist eine Annahme, deren Unmöglichkeit Baur (a. a. O. S. 265) selbst einsieht, wenn er jene Worte durch die Erklärung möglich zu machen sucht, dass wörtlich genommen im J. 690 der furor wenigstens noch nicht an den Tag getreten, die suspicio noch nicht allgemein gewesen sei. Vielmehr ist dieses Argument und eine Beweiskraft desselben nur denkbar, wenn damals nicht nur allgemein angenommen wurde, dass der Anfang sowohl als der erste Verdacht der zweiten Verschwörung erst dem Jahr 691 angehöre, sondern auch die Ansicht vorherrschte, dass alles, was vor dieses Jahr falle, nichts mit der catilinarischen Verschwörung zu thun habe. Dieser Ansicht war thatsächlich gewiss auch der Ankläger Torquatus; aber da er Sulla wegen seiner zweifellosen Theilnahme an den Insurrectionsversuchen des Crassus und Cäsar nur unter dem Titel der Betheiligung an Catilinas Verschwörung belangen konnte und doch die Sulla hauptsächlich belastenden Thatsachen der Zeit vor ihrem Anfang angehörten, so war es höchst angezeigt für ihn die beiden Verschwörungen nicht anders als zeitlich zu unterscheiden. Duae coniurationes, kann daher Cicero p. Sull. 4, 11 von ihm sagen, abs te, Torquate, constituuntur, una quae Lepido et Volcatio coss., patre tuo designato, facta esse dicitur, altera quae me consule. Während hienach auch Torquatus wie Cicero selbst (vgl. z. B. part. or. 34, 118: coniuratione quae facta me consule est) vollkommen zutreffend die Anstiftung der ersten ins Jahr 688, die der zweiten ins Jahr 691 verwiesen hat, zeigt er deutlich sein Bestreben ihren qualitativen Unterschied zu verwischen, wenn er in die Zwischenzeit fallende Verschuldungen Sullas, wie die Entsendung des Sittius (p. Sull. 20, 56) und seine revolutionäre

48*

Wirksamkeit in Campanien (19, 54 f. c. 21) im Interesse seiner und des Autronius Rehabilitation (c. 22 init.) ebenfalls als Beweise seiner Betheiligung an der zweiten Verschwörung geltend macht, wenn er ferner die Aeusserung Ciceros in der politischen Denkschrift: furorem incredibilem biennio ante conceptum erupisse in suo consulatu bereitwilligst acceptirt und daraus beweist, dass Sulla, wenn bei der einen, auch bei der andern betheiligt gewesen sei. Der Vertheidiger aber sieht sich hier in der unangenehmen Lage in das von ihm selbst sonst über das Verhältniss der Verschwörungen verbreitete Dunkel einiges Licht fallen lassen zu müssen, weist daher, während er die erste als eine überhaupt äusserst zweifelhafte Geschichte hinzustellen sucht (vgl. § 11 f.: constituuntur und dicitur), die zweite ausschliesslich dem J. 691 zu (§ 56) und macht den Geschworenen den fundamentalen Unterschied zwischen den grossangelegten Insurrectionsplänen der Demokraten und dem engbegrenzten Unternehmen Catilinas sogar recht deutlich, indem er ad hominem demonstrirt, dass eine im J. 690 erfolgte angebliche politische Mission nach Hispania ulterior mit der catilinarischen Verschwörung nicht nur zeitlich, sondern auch innerlich unvereinbar sei, sofern es der baarste Unsinn gewesen wäre bei dem 'auf Rom beschränkten' Komplott des Catilina einen der Mitverschworenen in ultimas terras wegzuschicken (§ 57 s. ob. S. 716). Wenn er nun auch diese Beschränkung der catilinarischen Verschwörung auf das Vorhaben 'in Rom ein Blutbad anzurichten und die Stadt anzustecken', Pläne, welche selbstständig sine ulla coniunctione betrieben worden seien, an anderer Stelle (Cat. IV, 3, 6) selbst dahin modificirt, dass er von der Verschwörung sagt: manavit non solum per Italiam, verum etiam transcendit Alpes et obscure serpens multas iam provincias occupavit, so hat er zwar dort (wie auch Cat. II, 11, 24 f.) zu wenig, hier zu viel gesagt, sofern sie thatsächlich in der Hauptsache auf das nördliche Italien sammt Gallia cisalpina beschränkt blieb, und ihr weitgehendster (übrigens auch nur durch des Lentulus Kopflosigkeit veranlasster) Schritt der Versuch war die Allobroger zur Mitwirkung zu veranlassen (Cat. III, 4, 9), aber soviel ist vollkommen richtig, dass die Mission des Sittius nach Spanien mit Catilinas Verschwörung ebensowenig zu thun haben kann als der Plan der ersten Verschwörung Piso nach Spanien zu schicken sich mit einem blossen Attentat auf das Leben und Amt der Consuln vereinbar gezeigt hat.

Eine weitere unverkennbare Andeutung, dass Cicero die Anstiftung der catilinarischen Verschwörung dem J. 691 zuweist, ist in den Worten gegeben, mit denen er pro Mur. 26, 52 nach Schilderung der den Consularcomitien für 692 vorangegangenen Begebenheiten fortfährt: his tum rebus commotus et quod homines *iam tum coniuratos* cum gladiis in campum a Catilina deduci sciebam, descendi in campum cum firmissimo praesidio. Oder sollte Cicero, angenommen jene Wahl habe zur gewöhnlichen Zeit, im Juli, stattgefunden —

bei einem späteren Termin sind diese Worte überhaupt undenkbar
— Ende November desselben Jahrs (s. unten S. 762 A. 45) haben
sagen können, schon im Juli habe eine Verschwörung bestanden,
wenn eine solche, wie damals jedermann hätte wissen müssen, seit
1½ Jahren bestanden hätte? (Vgl. unten S. 752 A. 41.)
Aber ungleich wichtiger für die Controlirung der sallustianischen Darstellung als diese chronologischen Andeutungen zumal aus
der Zeit des anerkannten Bestands der Verschwörung sind die Nachrichten über Catilinas Geschichte von 689 bis zu den Consularcomitien für 692, die uns in den übrigen Quellen, besonders in den
gleichzeitigen Reden Ciceros, überliefert sind.

Der Versuch die Staatsgewalt in die Hände des Crassus und
Cäsar zu bringen war misslungen, aber der Plan sowohl als der
Bund der Verschwörung blieben bestehen, sozusagen mit staatlicher
Legitimation. Denn nach dem Vorangehenden ist an der Glaubwürdigkeit der Nachricht[23]) nicht zu zweifeln, dass Cäsar mit dem
Statthalter Piso in Spanien einen neuen, aber durch Pisos Ermordung
vereitelten Insurrectionsversuch geplant habe, bei welchem eine gemeinsame Action in Rom und Spanien und diesmal die Herstellung
einer Communication auf dem Landwege (per Ambranos et Transpadanos) in Aussicht genommen gewesen sei. Theils Vorbereitungen
theils Vorversuche zu diesem Unternehmen scheinen die politischen
Umtriebe des Jahrs 689 gewesen zu sein: die Wiederbelebung des
Mariuscultus (Suet. Caes. 11. Plut. Caes. 6), der von Cäsar schon
im J. 687 an Ort und Stelle vorbereitete (Suet. Caes. 8), aber erst
vom Dictator verwirklichte (Dio 41, 36) Antrag den latinischen
Colonisten im transpadanischen Gallien, deren Mitwirkung bei der
Insurrection (Suet. Caes. 9) vielleicht eben auf Grund der Zurückweisung dieses Antrags in Aussicht genommen wurde, das Bürgerrecht zu verleihen (Dio 37, 9), vor allem aber der Versuch Aegypten
zur Provinz zu machen und Cäsars Absendung dahin auszuwirken
(Suet. Caes. 11. Plut. Crass. 13) sind anerkanntermassen von Cäsar[24])
ausgegangene und von Crassus als Censor unterstützte und ins
Werk gesetzte Machinationen, die, wie die Senatspartei richtig er-

---

23) Suet.Caes. 9: Idem Curio, sed et M. Actorius Naso auctores sunt
conspirasse Caesarem etiam cum Cn. Pisone adolescente: cui ob suspicionem urbanae coniurationis provincia Hispania ultro extra ordinem
data sit; pactumque, ut simul foris ille, ipse Romae ad res novas consurgerent per Ambranos et Transpadanos; destitutum utriusque consilium
morte Pisonis. Vgl. Mommsen, R. G. III⁵, 168 u. A.; auch Cic. in tog.
cand. p. 94, 18 s. unten S. 735. A. 29.
24) Suet. Caes. 11: conciliato populi favore tentavit per partem tribunorum, ut sibi Aegyptus provincia plebiscito daretur, nactus *extraordinarii imperii occasionem*, quod Alexandrini regem suum — — expulerant resque vulgo improbabatur; nec obtinuit adversante optimatium
factione, quorum auctoritatem ut quibus posset modis in vicem deminueret,
tropaea C. Marii de Jugurtha deque Cimbris atque Teutonis olim a Sulla
disiecta restituit.

kannte[25]), auf directem und offenem Weg demselben Ziele zustrebten, das die Verschwörung von 688 auf dem directesten, aber heimlichen Wege ('ὑπονόμοιϲ') verfolgt hatte und dann im J. 691 das servilische Ackergesetz auf einem indirecten Schleichwege ('tactris tenebris et caligine', 'cuniculis') zu erreichen suchte, dem Ziele eine Militärgewalt gegen Pompejus in die Hände zu bekommen. — Da ferner Piso im Juni oder Juli 690 schon todt war (Asc. p. 94, 3), in demselben Jahr aber jener Sittius aus Nuceria, der auch später im Dienste Cäsars eine namhafte Rolle spielte (Dio 43, 3 ff. App. bell. civ. IV, 54), ins jenseitige Spanien geschickt wurde mit dem Auftrag daselbst für die Verschwörung zu wirken, so ist die Vermuthung berechtigt, dass er Piso zu ersetzen bestimmt war (vgl. Drumann V, 418 f.). Wenn aber die öffentliche Anklage den Sulla als Auftraggeber des Sittius genannt hat, den finanzielle Beziehungen mit ihm verknüpften (Cic. p. Sull. 20, 56), so beweist dies nur die Fortdauer der Betheiligung Sullas an Cäsars Insurrectionsplänen.

Catilina selbst war ohne Zweifel im J. 689 vorzugsweise mit der glücklichen Abwicklung seines erst im Lauf dieses Jahrs anhängig gemachten Repetundenprocesses beschäftigt. Nach den Versprechungen, die im Jahr zuvor noch vor seiner Rückkehr aus der Provinz vom Senat der afrikanischen Beschwerdedeputation gegeben worden waren (Asc. p. 85, 5), konnte und wollte man die Anklage nicht fallen lassen, aber man liess es geschehen, dass sie in die Hände eines käuflichen Anklägers, des jungen P. Clodius, gelangte (Asc. p. 87, 8). Bestechung der Geschworenen (Q. Cic. de pet. cons. 3, 10) und der gerichtliche Beistand des Consuls L. Torquatus und der Consularen, die auch noch im folgenden Jahr bei seinem Mordprocess ihn unterstützten (Cic. p. Sull. 29, 81) thaten das Uebrige, um trotz des Zeugnisses römischer Ritter, des Consulars Q. Metellus Pius und der afrikanischen Dokumente (Cic. in tog. cand. p. 86, 21) etwa im September 689 (Cic. ad Att. I, 2, 1) seine Freisprechung zu ermöglichen. So stand seiner längst geplanten (Cic. ad Att. I, 1, 1) Bewerbung um das Consulat für 691 — an das für 690 hatte er des Processes wegen und weil ihm wahrscheinlich schon im Voraus für das folgende Jahr Zusicherungen gegeben worden waren (s. unten S. 736 A. 30), selbst nie gedacht — nichts mehr im Wege.

---

25) Vgl. Plut. Caes. 6: ϲυναχθείϲηϲ δὲ περὶ τούτων (wegen der Aufrichtung der Marianischen Denkmale) τῆϲ βουλῆϲ Κάτλοϲ Λουτάτιοϲ — ἀναϲτὰϲ καὶ κατηγορήϲαϲ Καίϲαροϲ ἐπεφθέγξατο τὸ μνημονευόμενον· 'οὐκέτι γὰρ ὑπονόμοιϲ, ἔφη, Καῖϲαρ, ἀλλ' ἤδη μηχαναῖϲ αἱρεῖ τὴν πολιτείαν'. Cic. de leg. agr. II, 17, 44: quod si Alexandria petebatur, cur non eosdem cursus hoc tempore quos L. Cotta L. Torquato coss. cucurrerunt? cur non aperte ut antea? cur non item ut cum directo et palam regionem illam petierunt? an qui etesiis, qui *per cursum rectum regnum tenere non potuerunt*, nunc tactris tenebris et caligine se Alexandriam perventuros arbitrati sunt? I, 1: quae res aperte petebatur, ea nunc occulte cuniculis oppugnatur. II, 3, 8.

Ueber die dieser Wahl unmittelbar vorausgehenden Vorgänge haben wir nun in den Fragmenten der wenige Tage vor der Wahl (Asc. p. 83, 13), also ziemlich gleichzeitig mit Sallusts (17, 2) Versammlung gehaltenen Rede Ciceros in toga candida und in Ascons Commentar dazu eine ganz vorzügliche Quelle. Zwar findet sich von den nach Sallust in jene Zeit fallenden Begebenheiten weder in dieser noch einer späteren Rede Ciceros die geringste Andeutung; und wenn Wirz S. 52 vorzüglich auf Grund dieses auffälligen consequenten Schweigens des so nahe betheiligten Cicero, das schon Drumann V, 423 mit Recht gegen die Thatsächlichkeit des Menschenmords bei dem Verschwörungsact ins Feld geführt hat, in Sallusts Datirung der catilinarischen Verschwörung einen „grossen Anachronismus" erkannt hat, so ist dieses einleuchtende Argument nur darum nicht strict beweisend, weil sich doch behaupten liesse, die Anzettlung der Verschwörung (Sall. 17, 1) sei selbst dem wachsamen Auge des Mitbewerbers zur Zeit der Candidatenrede noch verborgen geblieben gewesen, später aber habe Cicero nicht selbst die Annahme befördern wollen, als verdanke er, wie ein Murena (p. Mur. 25, 50. 26, 53), seine Wahl zum Consul weniger seinen persönlichen Verdiensten (de leg. agr. I, 9, 27. II, 1, 3—2, 4; p. Mur. 8, 17) als der Furcht der Nobilität vor dem Consulat des Catilina, zumal da die damaligen Gerüchte während des ganzen folgenden Jahres blinder Lärm hätten scheinen können. Allein die Rede in toga candida und ihr Commentar enthält Thatsachen, die sich mit den von Sallust in jene Zeit verlegten Begebenheiten nicht vereinigen lassen.

Catilina und C. Antonius Hybrida, hören wir,[26]) leisteten das Aeusserste in Wahlumtrieben. Ausser dass jeder für sich in seiner Weise thätig war, Catilina, indem er dem Volke durch einen Strohmann Gladiatorenspiele versprechen liess, die Gladiatoren aber, um sich als Geber zu dokumentiren, selbst öffentlich musterte, auslas und kaufte (Cic. in tog. cand. p. 88, 9), Antonius, indem er mit seinen Hirten renommirte, durch die er in der Lage sei sich jederzeit auf den Kriegsfuss zu setzen (p. 88, 5), wirkten sie durch eine Coition zusammen Ciceros Wahl zu hintertreiben d. h. sie suchten durch gemeinschaftliche Bestechung der Centurien eine Stimmenmehrheit zu

---

26) Asc. arg. or. in tog. cand. p. 83: Catilina et Antonius, quamquam omnium maxime infamis eorum vita esset, tamen multum poterant. Coierant enim ambo, ut Ciceronem consulatu deicerent, adiutoribus usi firmissimis M. Crasso et C. Caesare. — — Causa orationis huiusmodi in senatu habendae Ciceroni fuit, quod cum in dies licentia ambitus augeretur propter praecipuam Catilinae et Antonii audaciam, censuerat senatus, ut lex ambitus aucta etiam cum poena ferretur; cique rei Q. Mucius Orestinus tr. pl. intercesserat. Tum Cicero graviter senatu intercessionem ferente surrexit atque in coitionem Catilinae et Antoni invectus est ante dies comitiorum paucos.

seinen Gunsten zu verhindern (vgl. Becker, Röm. Alterth. II., 2, 45). In diesen Anstrengungen für ihre und gegen Ciceros Bewerbung wurden sie aufs nachdrücklichste und unverhohlenste von der demokratischen Umsturzpartei unterstützt: es fanden öffentliche, von Tribunen berufene Contionen in ihrem Interesse statt (in tog. cand. p. 86, 1; vgl. Lange R. A. II², 667), und Crassus selbst stellte sein Geld zur largitio, Cäsar seine Routine und sein eigenes Haus zu einer Zusammenkunft der Candidaten sammt ihren sequestres (Unterhändlern, die durch die divisores das Geld im Einzelnen vertheilen liessen) zur Verfügung.²⁷) Diese Zusammenkunft fand zwar bei Nacht statt, aber doch mit so wenig Vorsicht, dass sie alsbald zu Ciceros Kenntniss gelangte. Der Senat hatte die Absicht diesem Treiben durch eine Verschärfung des calpurnischen Ambitusgesetzes entgegenzutreten, aber gegen den Senatsbeschluss, der den referirenden Consul L. Julius Cäsar mit der Einbringung der betreffenden Novelle beauftragte (p. Mur. 34, 71), intercedirte der „bestochene" (in tog. cand. p. 88, 16) Tribun Q. Mucius Orestinus (Asc p. 85, 23), derselbe, der am Tag zuvor wahrscheinlich in einer Volksrede Cicero des Consulats für unwürdig erklärt hatte (Cic. p. 86, 1). Cicero wusste denn auch wohl, dass er als Gegner seiner Bewerbung nicht sowohl seine Mitbewerber selbst als ihre mächtigen Suffragatoren zu fürchten hatte. Als daher in jener Senatssitzung die Umfrage über die Intercession des Tribunen ihm Gelegenheit gab gegen die Coition seiner Mitbewerber loszuziehen, war er so klug hauptsächlich Catilinas frühere und ihre jetzigen Beziehungen zu den gefährlichsten Gegnern der Nobilität zu beleuchten. Durch die ganze Rede ziehen sich die für jedermann verständlichen Fingerzeige auf gewisse Ungenannte: die nicht genannten Complicen Catilinas bei der ersten Verschwörung (p. 93, 17: ne quem alium nominem s. ob. S. 706) ergänzte sich jedermann im Sinn des Redners. Die Denunciation jener nächtlichen Zusammenkunft soll beweisen, dass Catilina und Antonius im Solde des Crassus und Cäsar stehen. Die Vorausankündigung der Freisprechung Catilinas in dem ihm bevorstehenden Mordprocess²⁸) geht auf Cäsar, der

---

27) Cic. in tog. cand. p. 83, 15: dico, P. C., superiore nocte cuiusdam hominis nobilis et valde in hoc largitionis quaestu docti et cogniti domum Catilinam et Antonium cum sequestribus suis convenisse. Dazu Ascon: aut C. Caesaris aut M. Crassi domum significat. Ei enim acerrimi ac potentissimi fuerunt Ciceronis refragatores, cum petiit consulatum etc.
28) Cic. in tog. cand. p 91, 9: denique illi (L. Luscius et L. Bellienus rei inter sicarios) negare potuerunt et negaverunt: tu tibi ne infitiandi quidem impudentiae locum reliquisti. Quare praeclara *dicentur* iudicia tulisse, si, qui infitiantem Luscium condemnarunt, Catilinam *absolverint* confitentem. Asc. p. 92, 7: huius autem criminis periculum, quod obicit Cicero, paucos post menses Catilina subiit. Post effecta enim comitia consularia et Catilinae repulsam fecit eum reum inter sicarios L. Lucceius paratus eruditusque (Teuffel, R. L. § 172, 5), qui postea consulatum quoque petiit.

ihn zu instruiren hatte. Einen Haupttrumpf aber spielt er offenbar aus, wenn er auf den folgerichtigen Zusammenhang hinweist, in welchem die durch Piso, den spanischen Dolch, vergebens versuchten hochverrätherischen Pläne mit dem jetzigen Versuche stehen in Antonius und Catilina zwei Mordwerkzeuge auf ein Mal gegen den Bestand der Republik in Bewegung zu setzen.²⁹) Cicero hatte jedenfalls damit die richtigen Saiten angeschlagen: die Nobilität erkannte eine Existenzfrage in der Bewerbung der beiden Creaturen des Cäsar und Crassus und opferte desshalb ihre Abneigung gegen den homo novus (Cic. ad. Att. I, 2, 2) der politischen Einsicht, dass diese gefährliche Verbindung gesprengt werden müsse. Ob nun neben Cicero, dessen man nach jener Rede sicher sein konnte, die einer öffentlichen Erklärung seines Bruches mit der Volkspartei und seines Anschlusses an die Partei des Senats gleichzuachten war, Catilina oder Antonius siegte, war gleichgiltig und hieng demgemäss lediglich von Konnexionen (Asc. p. 95, 12: Antonius pauculis centuriis Catilinam superavit cum ei propter patris nomen paulo speciosior manus suffragata esset quam Catilinae), nicht von der Qualität und dem Leumund der beiden nach Ciceros und Ascons Darstellung vollkommen gleich verabscheuungswürdigen und gleich gefährlichen (vgl. p. 83, 3 f.; 84, 10 ff.; 88, 6) Bewerber ab.

Waren so die Beziehungen Catilinas zu Cäsar und Crassus für seine Bewerbung gradezu ein Hinderniss gewesen, so hatte er dieselben nun auch noch durch eine Anklage zu büssen. Cäsar hatte nemlich als damaliger speciell für die Proscriptionsmörder competenter iudex quaestionis de sicariis (Suet. Caes. 11, vgl. Mommsen, Röm. Staatsrecht II, 551 A. 3) kurz vor jener Wahl die gerichtliche Belangung und Verurtheilung einiger ehemaligen Sullaner und Optimaten bewirkt (Dio 37, 10: τοῦ Καίσαρος τοῦ Ἰουλίου τοῦθ' ὅτι μάλιστα παρασκευάσαντος. Cic. p. Ligar. 4, 12). Ihn mit seinen eigenen Waffen zu schlagen und der Fortsetzung dieser gerichtlichen Verfolgungen ein Ende zu machen, liess nun die Optimatenpartei seinen Günstling Catilina, „den Schuldigsten von allen" (Asc. p. 84, 4. Q. Cic. de pet. cons. 2, 9.), nach den Consularcomitien d. J. durch L. Luccejus vor seinem Tribunal anklagen. Aber Cäsar zog die moralische Niederlage einer politischen vor: und Catilina wurde, auch jetzt noch unterstützt von etlichen Consularen (Cic. p. Sull. 29,

---

29) Asc. p. 94, 17: dicit de malis civibus: „qui postea quam illo ⟨quo⟩ conati erant Hispaniensi pugiunculo nervos incidere civium romanorum non potuerunt, duas uno tempore conantur in rempublicam sicas destringere." „Hispaniensem pugiunculum" Cn. Pisonem appellat quem in Hispania occisum esse dixi. „Duas sicas" Catilinam et Antonium appellari manifestum est. (Das Gleichniss hat übrigens Cicero seinem Bruder Quintus entlehnt: vgl. Q. Cic. de pet. cons. 3, 12: quis enim reperiri potest tam improbus civis, qui velit uno suffragio duas in rempublicam sicas destringere? wenn der Brief nicht etwa unächt ist.)

81), freigesprochen, wie Cicero schon einige Monate vorher vorausgesagt hatte, um womöglich dadurch das Compromittirende der Freisprechung, wenn sie dann wirklich erfolgte, zu erhöhen. Veranlassung und Berechtigung zu diesem Prognosticon gab ohne Zweifel der Vorsitz Cäsars an sich, vielleicht aber auch eine zur Zeit desselben bereits erfolgte Entscheidung im Interesse Catilinas. Wenn wir nemlich berücksichtigen, dass Cicero mit der grössten Bestimmtheit von diesem Process spricht, obwohl er erst einige Monate später (Asc. p. 92, 8) zur Verhandlung kam, ferner dass Catilina im Fall der Designation der Anklage entzogen gewesen wäre (vgl. Asc. p. 19, 14 ff. Dio 39, 7), andererseits seine Verurtheilung oder auch nur die Constituirung des Gerichts seine Bewerbung unmöglich gemacht hätte,[30]) so ist die Wahrscheinlichkeit sehr gross, dass Luccejus die Anklage noch vor jenen Consularcomitien anzubringen versucht oder wirklich angebracht hat. Cäsar aber mag, eben in der Hoffnung, Catilina werde gewählt und er damit auf die einfachste Weise von dem immerhin fatalen Dilemma befreit werden, die Anklage unter irgend einem Vorwand vor der Wahl abgewiesen (so wäre nach Asc. p. 92, 9 anzunehmen), oder die Verhandlung des Prozesses in judicio über die Wahl hinaus befristet haben.

30) Vgl. Näheres darüber in meinem Aufsatz im Rheinischen Museum, Band 31, S. 426 f. Mommsens treffliche Erörterung über das Zurückweisungsrecht des wahlleitenden Magistrats in seinem römischen Staatsrecht I, 396 f. 397 A. 4 bedarf nur insofern einer Berichtigung, als das freie Ermessen des Wahldirigenten hinsichtlich der Zurückweisung Angeklagter nur so lange statt hatte, als sich die Anklage noch im Stadium vor der sortitio indicum befand. Für seine Ungebundenheit während dieses Stadiums aber ist das Beispiel des M. Scaurus beweisend, der trotz einer schwebenden Repetundenklage nicht von der Bewerbung um das Consulat für 701 ausgeschlossen wurde (Asc. p. 19). Bei P. Clodius dagegen konnte es sich schon darum nicht um Zurückweisung von der Bewerbung um die Aedilität für 698 handeln, weil der wahlleitende Consul Q. Metellus Nepos auf der Seite des Clodius stand (Cic. ad Att. IV, 3, 3 ad fam. V, 3, 2) und desshalb die Klage selbst überhaupt nicht hatte anhängig gemacht werden können (Dio 39, 7. Cic. p. Sest. 44, 95). Catilina ferner wurde zwar von der Bewerbung um das Consulat für 689 (nicht 690) auf Grund einer nicht einmal schwebenden, sondern erst bevorstehenden Repetundenklage zurückgewiesen (Asc. p. 90, 2); aber eben weil damals noch nicht einmal ein Kläger gefunden, und die Anklage erst im Jahr darauf erfolgte, war die Klage nur der Vorwand, der wahre Grund der Zurückweisung dagegen die Ueberzeugung des Wahldirigenten damit den Intentionen der Senatsmajorität zu entsprechen (Asc. p. 85, 5). Von der Bewerbung um das Consulat für 690 sah Catilina von selbst ab (Cic. ad Att. I, 1, 1), vielleicht weil für ihn schon damals von Seiten des Crassus und Cäsar, dessen Verwandter im J. 690 Consul war (Drum. III, 120 f.), das Consulat von 691 und eine Coition mit Antonius in Aussicht genommen war. So erklärt sich wenigstens einfach, warum Ciceros Vorhaben Catilina zu vertheidigen nicht zur Ausführung kam; denn Cicero hatte ihn dadurch zu einer Coition zu gewinnen gehofft (Cic. ad Att. I, 2, 1).

Wenn nun auch durch Catilinas Niederlage und Ciceros Wahl die Pläne des Crassus und Cäsar, soweit sie auf das Consulat des Antonius und Catilina sich gründeten, gescheitert waren, so wäre es doch höchst unklug gewesen Catilina nunmehr fallen zu lassen und der Nobilität in die Arme zu treiben, mit der ihn immer noch Bande genug verknüpften (Cic. p. Cael. 4, 10. 6, 13 f. p. Sull. 29, 81). Zwar war er jetzt als Privatmann bei den nun beginnenden politischen Machinationen nicht in hervorragender Weise zu verwenden, aber für die Agitation durch Terrorisirung musste seine Mitwirkung in hohem Grad erwünscht sein. So wird man annehmen dürfen, dass Antronius und Catilina sich auch zur Zeit der Jahreswende von 690 auf 691 bei den Unruhen wieder zusammengefunden haben, die aus Anlass der rogatio Caecilia, welche die Rehabilitirung des Sulla und Autronius beabsichtigte (Cic. p. Sull. c. 22 f. Dio 37, 25), in Aussicht genommen waren. Im Uebrigen aber tritt naturgemäss Catilinas Person bei den tribunicischen Agitationen, die mit dem Amtsantritt der neuen Tribunen (10. Dez. 690) ihren Anfang nahmen, völlig in den Hintergrund. Denn alle jene Umtriebe, vor allem das servilische Ackergesetz, das unter der Hülle eines ächt demokratischen (Cic. de leg. agr. I § 23 f.) socialen Reformversuchs nur eine Wiederaufnahme des gescheiterten Versuchs war ein ausserordentliches auswärtiges imperium und damit die Mittel zu militärischen Rüstungen gegen Pompejus in die Hand zu bekommen (s. ob. A. 17. 24 u. 25), ferner die Aufhetzung des Volks gegen das Othonische Theatergesetz (Plut. Cic. 13), die Processirung des Rabirius, der Antrag des Tribunen Labienus, den Söhnen der durch Sulla Geächteten das Recht auf die Staatsämter wiederzugeben (Dio 37, 25), all diese von dem „demokratischen" Consul unverdrossen und siegreich bekämpften (ad Att. II, 1, 3) Agitationen arbeiteten allzu systematisch auf das eine Ziel hin die republicanische Staatsordnung zu untergraben und die Bedingungen für eine Dictatur herzustellen als dass nicht ihre Fäden in einer Hand hätten zusammenlaufen müssen.

Stünde nun von diesen geschichtlichen Daten der von Sallust unabhängigen Ueberlieferung nichts fest als die beiden allgemein anerkannten Thatsachen einer über die Jahre 688 bis 691 sich hinziehenden revolutionären Thätigkeit des Cäsar und Crassus und einer um die Zeit der Consularcomitien für 691 bestehenden Verbindung des Catilina mit ihnen, die in der Unterstützung bei der Bewerbung und dem Processe Catilinas besonders hervortrat, so könnte die Erzählung Sallusts, dass Catilina vor den Wahlcomitien für 691 eine selbständige Verschwörung im eigensten Interesse organisirt habe, nicht damit vereinigt werden.

Die ganz unwahrscheinliche Annahme, dass Catilina falsches Spiel getrieben, würde Sallusts Angabe, dass die Verschwörung in ihren letzten Consequenzen (vgl. darüber Wirz, S. 51) noch vor der Wahl bekannt geworden sei, selbst widerlegen. Dass er aber, wie

Sallust 17, 7 zu verstehen gibt, im Einverständniss oder wenigstens unter Connivenz des Crassus und Cäsar jene ersten Schritte gethan, ist schon darum unglaublich, weil diese es unter allen Umständen ebenso sorgfältig wie später vermieden hätten sich selbst durch offene Unterstützung und directen Verkehr mit ihm als Theilnehmer an einem anarchistischen Komplott zu denunciren. Da ferner die Eigennützigkeit ihrer Beweggründe bei der Unterstützung seiner Bewerbung keinem Zweifel unterliegt, so hätte man die Hoffnung auf den indirecten Nutzen der Verschwörung (Sall. 17 fin.), der sie ja den unmittelbarsten Vorschub geleistet hätten, als Motiv ihrer Anstrengungen für Catilinas Wahl zu betrachten. Allein zur Förderung eines Unternehmens, das erst misslingen musste, um ihnen zu nützen, sich so stark zu engagiren, das Gelingen ihrer eigenen Pläne durch directe Unterstützung sich damit kreuzender Pläne eines andern auf's Spiel zu setzen, der nicht ohne Chancen war und dessen letztes Ziel schon dadurch für Schärferblickende blossgelegt gewesen wäre, dass er eben damals als Candidat das Unternehmen in Angriff nahm, — überhaupt auf einem Umweg ein Ziel zu verfolgen, so lange der directe Weg noch offen stand, wäre doch eine ganz absonderliche Politik gewesen. Hätte es sich desgleichen bei der Rettung Catilinas im Process des Luccejus nur darum gehandelt ihm den Weg zur Revolution zu ebnen, wie Drumann V, 426 meint, dann wäre in der That durch seine Verurtheilung, die den Ausbruch der Verschwörung um ein ganzes Jahr hätte beschleunigen können, Cäsars Interesse besser gedient gewesen als durch seine Freisprechung, die ihm die Hoffnung auf das Consulat des übernächsten Jahrs offen liess.

Lassen wir dagegen der Verschwörung von 688 und den revolutionären Bewegungen der folgenden Jahre ihr Recht angedeihen und erkennen wir in jener einen Insurrectionsversuch des Crassus und Cäsar, in diesen die Aeusserungen eines fortbestehenden gleichartigen Verschwörungsplans, so haben wir offenbar in der krampfhaften Anstrengung Catilina und Antonius das Consulat zu verschaffen das Zeichen eines besonders bedeutsamen Wendepunkts der Unternehmung zu erblicken. Ohne Zweifel war für 691 eine Action geplant. Die Grundbedingung war wieder die nur diesmal minder gewaltsame Besetzung des Consulats durch gefügige Werkzeuge. Und wenn daher diesmal auch nicht alles auf die Karte eines blutigen Handstreichs gesetzt worden, ja vielleicht jede Gewaltthat unterblieben wäre, das Ziel war gewiss dasselbe: Benützung der Abwesenheit des Pompejus zu einem politischen Umsturz, der Cäsar und Crassus in Stand gesetzt hätte Pompejus Bedingungen zu stellen oder die Waffen entscheiden zu lassen. Als aber mit Pisos Tod und dann mit Catilinas Niederlage wiederum die Hauptbedingungen des Plans gefallen waren, begannen unter Cäsars Leitung jene systematischen tribunicischen Agitationen, die ohne Zweifel nur ein Schattenbild dessen sind, was in jenem Jahr in dieser Richtung geschehen wäre, wenn an Ciceros Stelle Catilina der Amtsgenosse des Antonius gewesen wäre. Da sich nun Catilina an diesen scheinbar nur gegen die Optimaten, in Wahrheit aber zugleich und hauptsächlich gegen Pompejus gerichteten Umsturzversuchen und Wühlereien der demokratischen Partei nachweislich bis zum Ende des Jahrs 690 betheiligt hat und ihm für den Fall seiner Designation eine sehr bedeutende Rolle dabei zugedacht war, so kann er unmöglich während dieser Zeit im Interesse seiner eigenen Absichten auf Alleinherrschaft eine Verschwörung eingeleitet und deren Ausführung für sein Consulat in Aussicht genommen haben. Wir hätten also entweder anzunehmen, dass es keine catilinarische Verschwörung im Sinn Sallusts gegeben oder dass Sallust ihre Anfangsgrenze zurückgerückt habe. Wie diese Frage zu entscheiden, darüber kann eine vorurtheilsfreie Prüfung und genaue Analyse dessen, was die übrigen Quellen, vor allem Cicero, positiv über die Catilinas Verschwörung einleitenden Vorgänge überliefert haben, keinen Zweifel mehr übrig lassen.

Catilina tritt erst wieder auf den politischen Schauplatz als Bewerber um das Consulat für 692 (Cic. pro Mur. 24, 49—26, 53. pro Cael. 5, 11. Plut. Cic. 14. Dio 37, 29). Aber was konnte er — fragt man sich — von einer erneuten Bewerbung hoffen? Die Erfahrung des vorhergehenden Jahres musste ihn gelehrt haben, dass ihn die damals angewandten Mittel nicht zum Ziel führen konnten, d. h. dass er als Candidat der demokratischen Umsturzpartei nicht die mindeste Aussicht habe. Aber nicht minder klar mussten Cäsar und Crassus aus dem Misserfolg ihrer masslosen Anstrengungen erkannt haben, dass eine Wiederholung des Versuchs Catilinas Wahl durchzusetzen ein nutzloses Opfer an Zeit und Geld und nur eine neue Schädigung ihres nachgerade genug beeinträchtigten politischen und moralischen Credits sein würde. Nachdem auch der mit Beginn des J. 691 eingeschlagene Weg mit verfassungsmässigen Mitteln die Verfassung zu vernichten nur zu neuen politischen Niederlagen geführt hatte, wäre ihnen zweifelsohne Catilinas Wahl zum Consul auch jetzt noch erwünscht, aber schon darum ohne besonderen Werth gewesen, weil mit ihm allein als Consul nichts anzufangen war. Catilina andererseits war sicherlich nicht geneigt sich noch länger zum Werkzeug des Cäsar und Crassus herzugeben, nachdem diese Verbindung seinen politischen und finanziellen Wünschen, deren unverrücktes Ziel das Consulat war, gerecht zu werden sich völlig unfähig, ja geradezu hinderlich erwiesen hatte. Es ist daher gewiss nicht Zufall, dass in diesem Jahr von einer Betheiligung des Cäsar und Crassus am Wahlkampf zu Gunsten Catilinas nichts mehr verlautet. Da sich ihr Einfluss und Geld zu schwach gezeigt seine Wahl zu ermöglichen und seinen Absichten auf das Consulat ein für alle mal der Stempel der Staatsfeindlichkeit aufgedrückt war, so führte ihn die Einsicht, dass er stärkere Mächte entfesseln müsse, und die langjährige Schule der Verschwörung von selbst auf einen Weg, der dem grösseren Scharfblick des Cäsar und der Vorsicht des Crassus, wenn nicht völlige Lösung ihres Verhältnisses, so doch Zurückhaltung nothwendig erscheinen lassen musste.

So trägt denn Catilinas damalige Wahlagitation vollkommen catilinarisches Gepräge.[31]) Mehr jedoch als die Masslosigkeit seiner Wahlumtriebe, denen wieder durch Beantragung verschärfter Bestimmungen zum calpurnischen Ambitusgesetz entgegentreten wurde (Dio 37, 29. Schol. Bob. p. 309, 17. 362, 2. Cic. p. Mur. 23, 46 f.), ohne dass diesmal ein Tribun intercedirte (vgl. Cic. in Vat. 15, 37), mehr als das Umherziehen mit ganzen Banden von geworbenen sectatores (p. Mur. 24, 49. p. Cael. 6, 14 fin.), als die plumpe Frechheit seines Auftretens im Senat (p. Mur. 25, 51) beweist das socialdemokratische Programm,[32]) das Catilina kurz vor der Wahl in einer Privatversammlung und einige Tage darauf im Senat entwickelte, für die Thatsache, dass er sich nunmehr auf eigene Füsse gestellt hat. In jener Versammlung weist er nemlich seinen Zuhörern auf Grund der vollkommenen Gleichheit seiner Lage und seiner Aussichten mit den ihrigen seine unbedingte Vertrauenswürdigkeit und ausgezeichnete persönliche Qualification zur Vertretung und Führerschaft der Bedrückten und Nothleidenden nach und gibt dann aus Anlass einer darauf bezüglichen Interpellation im Senat seinem Programm noch bestimmteren Ausdruck, indem er der einen starken, aber hauptlosen Staatshälfte, wenn er mit ihrer Hilfe Consul geworden sei, für die Zeit seines Lebens das fehlende Haupt zu

---

31) Cic. p. Mur. 24, 49: Catilinam interea alacrem atque laetum, stipatum choro iuventutis, vallatum indicibus atque sicariis, inflatum cum spe consulatus tum collegae mei, quemadmodum dicebat ipse, promissis, circumfluentem *colonorum Arretinorum et Faesulanorum exercitu,* quam turbam dissimillimo ex genere distinguebant *homines perculsi Sullani temporis calamitate.* Vultus ipsius erat plenus furoris, oculi sceleris, sermo adrogantiae, sic ut ei iam exploratus et domi conditus consulatus videretur. Murenam contemnebat, Sulpicium accusatorem suum numerabat, non competitorem: ei vim denunciabat, reipublicae minabatur.

32) Cic. p. Mur. 25, 50: meministis enim, cum illius nefarii gladiatoris voces percrebruissent, quas habuisse in *contione domestica* dicebatur, cum *miserorum fidelem defensorem negasset inveniri posse, nisi eum qui ipse miser esset;* integrorum et fortunatorum promissis saucios et miseros credere non oportere: quare *qui consumpta replere, erepta recuperare vellent,* spectarent, quid ipse deberet, quid possideret, quid auderet: minime timidum et valde calamitosum esse oportere eum, qui esset *futurus dux et signifer calamitosorum:* — 51: tum igitur his rebus auditis meministis fieri senatus consultum referente me, ne postero die comitia haberentur, ut de his rebus in senatu agere possemus. Itaque postridie frequenti senatu Catilinam excitavi atque eum de his rebus iussi, si quid vellet, quae ad me adlatae essent, dicere. Atque ille, ut semper fuit apertissimus, non se purgavit, sed indicavit atque induit. *Tum enim* dixit *duo corpora esse reipublicae, unum debile, infirmo capite, alterum firmum, sine capite: huic, si ita de se meritum esset, caput se vivo non defuturum.* Vgl. Plut. Cic. 14.

geben verspricht. Dass er hier nicht sowohl die Volkspartei der
Senatspartei als die grosse Classe der Bedrückten und Unzufriedenen
der Kategorie der durch Geburt und Reichthum Privilegirten, der
Herrschenden und Besitzenden, gegenüberstellt, also überhaupt nicht
eine politische, sondern eine socialistische Partei im Auge hat, liegt
ebensosehr im Wortlaut seiner Rede als in dem Charakter derer,
auf die er seine Bewerbung stützt. Jene saucii und miseri nemlich,
denen er sich zum künftigen Vertreter und Haupt empfiehlt, sind
die in Italien umher, besonders in Etrurien (s. Mommsen, R. G. II^5,
349) angesiedelten, in grossen Massen namentlich von Fäsulä und
Arretium (p. Mur. 24, 49) zur Wahl nach Rom citirten sullanischen Veteranen (Plut. Cic. 14), denen, was sie durch Sulla gewonnen, ebenso rasch wieder zerronnen war (Cic. Cat. II, 9, 20.
Dio 37, 30) und die durch sie (Sall. 28, 4) oder durch Aechtung
(37, 9) um ihren Besitz und ihre politischen Rechte gekommenen
Marianer (homines perculsi Sullani temporis calamitate), die durch
ihn rehabilitirt zu werden (erepta recuperare) hofften. Ausserdem
aber fand Catilina aus Anlass seiner Bewerbung grossen Anhang
„aus allen Ständen und Altersclassen" (Cic. p. Cael. 5, 12 init.).
Darunter gehörte vor allem die durch Lüderlichkeit finanziell ruinirte
vornehme Jugend (Cic. Cat. II, 10, 22. p. Cael. § 10—14), die zu
einer Art Leibgarde von ihm herangeschult während der Zeit der
Bewerbung besonders stark unter seinen ständigen sectatores vertreten war (p. Mur. 24, 49); sodann jene übrigen von Cicero Cat.
II, 8, 18—10, 23 classificirten Gattungen von Catilinariern: die
vom Concurs bedrohten grossen Grundbesitzer (§ 18), die verschuldeten, aber politisch ehrgeizigen Nobiles (§ 19), die durch schlechte
Wirthschaft und Gant um ihren Besitz gekommenen Leute aus allen
Classen der städtischen und ländlichen Bevölkerung (§ 21), endlich
das gesammte hauptstädtische Proletariat (Sall. 37, 4 ff.) sammt dem
Abschaum der Gesellschaft (Cic. Cat. II, § 22), also genau diejenigen, die eine sociale Reformbewegung, auf welchem Weg es auch
sein mochte, vor allem Befreiung von der erdrückenden und ihre
persönliche Freiheit bedrohenden Schuldenlast, Milderung des Schuldrechts (Sall. c. 33) und Wiedererwerb von Grundbesitz (Dio 37, 30:
χρεῶν τε ἀποκοπὰς καὶ τῆς ἀναδασμούς) wünschen mussten und
darum gewiss schon bei der Wahl auf Catilinas Seite standen.

Die Vereinigung so vieler und so verschiedenartiger Elemente
(„turba dissimillimo ex genere") als deren specifisches Merkmal
Cicero p. Cael. 7, 15 aut in moribus naturaque vulnus aut in re atque fortuna bezeichnet, zu gemeinsamer Wirksamkeit für seine Bewerbung war eben nur möglich, wenn Catilina die Rolle eines von
den politischen Parteien und politischen Privatinteressen unabhängigen socialen Reformers aufgenommen hatte. In diesem Sinn war
sein Wahlprogramm gehalten, das den Beeinträchtigten zu ihrem
Rechte, den Heruntergekommenen zu neuem Besitz zu verhelfen

versprach. Das Streben aber möglichst viele Interessen an sein Consulat zu knüpfen war es ja eben gewesen, was ihn zur Anregung der socialen Frage veranlasst hatte. Denn mehr als je hatten damals die unnatürlichen gesellschaftlichen und politischen Zustände die Bedingungen zu einer socialen Bewegung hergestellt, und ihre Elemente bedurften in der That nur eines Hauptes und der Organisation. Auch Cäsar hatte darum mit dem servilischen Ackergesetz den Hebel der socialen Frage in Bewegung zu setzen gesucht, aber die schlecht verhüllte politische Tendenz des Gesetzes hatte ihm das Spiel völlig verderben müssen. Vielleicht nicht ohne Bezug darauf hat Catilina mit besonderem Nachdruck die vollkommene Gleichheit seiner Interessen mit denen seiner Clienten betont und die Unzuverlässigkeit der promissa integrorum et fortunatorum hervorgehoben. Auch war es gewiss nicht am wenigsten seine Emancipation von den heimlichen Gegnern des Pompejus, was seiner Bewerbung so zahlreiche Sympathieen zuwandte, dass er eben im Bewusstsein nunmehr eine eigene Partei hinter sich zu haben jene plötzliche anmassende Siegesgewissheit zur Schau trug, die der Bewerbung des L. Murena in so hohem Grad zu gute gekommen sein soll (p. Mur. 24, 49; 26, 53).

Hier haben wir die Keime einer socialen Revolution. Catilina ist im Begriff an die Spitze einer Partei zu treten, die alle zu einem Umsturz geneigten Elemente in sich vereinigt und als deren Kern schon jetzt der militärisch organisirbare Bestandtheil derselben erscheint. Mit grossem Aplomb hatte er ein Programm ausgegeben, das selbst für den Fall der Niederlage bei der Wahl eine gewisse moralische Verpflichtung für ihn enthielt die wachgerufenen Hoffnungen auf dem Weg der Gewalt zu realisiren, und das in der That später der Aushängeschild seiner Insurrection geworden ist. Iniuriis contumeliisque concitatus, schreibt er (Sall. 35, 3) an Q. Catulus, *quod fructu laboris industriaeque meae privatus statum dignitatis non obtinebam, publicam miserorum causam pro mea consuetudine suscepi.* Von dem Bestand einer Verschwörung aber ist auch jetzt noch keine Rede. Dies beweisen ebenso sehr Catilinas eigene Worte und Handlungen als das Verhalten der Gönner wie der Gegner seiner Bewerbung.

Wenn nemlich von einigen Gelehrten (Hagen S. 141 und 158. Wirz S. 52 f. 58. Ihne S. 107 u. A. 3) auf die Gedankenähnlichkeit der in jener contio domestica vor dem ursprünglichen Termin der Consularcomitien für 692 (p. Mur. 25, 50) und der nach Sallust vor der Wahl für 691 gehaltenen Rede Catilinas in dem Sinn aufmerksam gemacht wird, als ob die contio domestica Ciceros die historische Grundlage der contio Sallusts sei, Sallust also die Stiftung der Verschwörung (vorausgesetzt dass die Wahl für 692 auch im Juli stattfand) um ein rundes Jahr anticipirt habe, so ist dies ein gründlicher Irrthum. Denn der einzig gleiche Gedanke — der von der Identität ihrer Interessen (vgl. Sall. 20, 3 f.) — ergab sich allzunatürlich aus dem Charakter der Verschwörung überhaupt als dass die rhetorische Verwendung desselben auf diese historische Reminiscenz zurückgeführt werden dürfte. Im Uebrigen jedoch ist nicht nur die Zuhörerschaft, sondern auch der Zweck und die Bedeutung der beiden Reden und Versammlungen durchaus verschieden. Denn während jene den Bestand der Verschwörung zur Voraussetzung hat und daher in geheimnissvoller Zusammenkunft (Sall. 20, 1) von dem Haupt derselben an seine schon zur Theilnahme gewonnenen (17, 1. 20, 1; 5) Genossen, den späteren Stab der Verschwörung (17, 3 f.) gerichtet ist, um sie für die auf den Antritt des Consulats in Aussicht genommene Eröffnung des bewaffneten Aufstands zu fanatisiren, sucht im Jahr darauf Catilina in einer jedenfalls nicht geheimen Versammlung die sullanischen Veteranen, die Marianer und andere Vertreter der social nothleidenden Classen erst für sich zu gewinnen, indem er ihnen seine vorzügliche Befähigung zu ihrem Führer nachweist. Und während dort nicht bloss der geheime Bund formell geschlossen wird, so dass die Versammlung an sich und die blosse Theilnahme daran Hochverrath war, sondern auch die Verschwörung ausschliesslich als Einleitung zum Bürgerkrieg, also in ihrer äussersten Consequenz erscheint, sind Catilinas Aeusserungen im Jahr darauf, an deren Stärke Cicero gewiss nichts abgebrochen hat, zwar zweideutig genug, um der Fantasie seiner Zuhörer selbst die Eventualität einer Revolution vorzuspiegeln und verfänglich genug, um die Suspension der Wahl und eine Verhandlung im Senat zu veranlassen, aber andererseits doch viel zu wenig gravirend, um den Beweis des Bestands einer staatsgefährlichen Verbindung zu ermöglichen oder auch nur die Handhabe zu gerichtlichem Einschreiten auf Grund der Verschärfungen des Ambitusgesetzes (Cic. p. Mur. 32, 67. 34, 71) zu bieten. Denn wenn Catilina den Veteranen Ersatz des Verbrauchten, den Geächteten oder mit Gewalt aus ihrem Besitz Vertriebenen Wiedergewinnung des ihnen Entrissenen in Aussicht stellte, so liess sich dies auch durch Schuld- und Ackergesetze erreichen. Und dass jene thatsächlich Catilinas Worte nur in diesem Sinn verstanden, also zunächst nur Reformen auf dem Wege der Gesetzgebung von ihm erwarteten, lässt sich mit grosser Wahrscheinlichkeit aus dem Unterhandlungsversuch des bereits in offenem Aufruhr befindlichen Veteranenhauptmanns Manlius schliessen, der nach dem Beispiel der plebejischen Secessionen unter der Bedingung einer Milderung des Schuldprocesses durch Aufhebung der Addictio und partiellen Schuldennachlasses die Rückkehr zum Gehorsam anbot, mag es ihm nun damit Ernst gewesen sein oder nicht. Jedenfalls war die Schuldfrage, die Hoffnung auf Ermässigung oder Aufhebung der Verpflichtungen gegen die Gläubiger, von Anfang an der Hebel der ganzen Bewegung. Ausserdem dass dies von der Ueberlieferung ausdrücklich hervorgehoben wird (Sall. 5, 7. 16, 4. 21, 2. 33. Dio

37, 30 vgl. Cic. ad fam. V, 6, 2. Flor. III, 12. IV, 1) und ausser der
Gattung der Theilnehmer (Cic. Cat. II, § 18—21. Sall. 24, 3. 28, 4.
c. 37. 40: Allobroges publice privatimque aere alieno oppressos)
weist auf diese Entstehung der Verschwörung auch Catilinas Versuch
hin sich in dieser Richtung persönlich zu reinigen (Sall. 35, 3: non
quin aes alienum meis nominibus ex possessionibus solvere possem
etc.), vor allem aber die Thatsache, dass von der Wahl an die Partei
der Capitalisten und nicht die Senatspartei in vorderster Linie an
der Contremine sich betheiligte (Cic. Cat. I, 5, 11; 8, 21; 13, 32.
IV, 7, 15. Sall. 49, 4). Bedenken wir ferner, dass Catilina von
treuer Vertretung der Nothleidenden und nur erst von zukünftiger
Führerschaft spricht, dabei also offenbar das Consulat im Sinne
hat und daher sein Protectorat ausdrücklich erst von der Bedingung eines günstigen Erfolgs seiner Bewerbung abhängig macht,
indem er es gewissermassen als Gegenleistung dafür, dass er ihnen
das Consulat zu verdanken haben werde[33]), in Aussicht stellt, so ist
keine Frage, dass auch Catilina damals noch nicht daran dachte mit
andern als den gesetzlichen Mitteln der consularischen Amtsgewalt
jene Versprechungen einzulösen. Catilinas Rede in der contio domestica ist somit nichts weniger als eine Ansprache zur „Ermuthi-
gung der Verschworenen im Bunde mit ihm zu beharren" (Drumann
V, 448) und die contio selbst nichts weniger als eine Zusammenkunft Verschworener oder gar, wie die sallustianische Versammlung,
der Stiftungsconvent der Verschwörung, sondern eine blosse Wahlversammlung, und die verfänglichen, aber nicht ungesetzlichen Zusicherungen nur eine auf Verbreitung, nicht auf Geheimhaltung berechnete Parole für die Wahlagitation. Catilina ist daher auch weit
davon entfernt im Senat seine Aeusserungen zu dementiren oder
auch nur im Geringsten abzuschwächen, benützt im Gegentheil diese
Gelegenheit zu einer wirksamen Proclamation seiner reformatorischen
Bestrebungen. Wie sehr übrigens ihre Realisirung sich in Catilinas
Gedanken damals noch an die Bedingung des Consulats knüpfte
und dass die Eventualität der Revolution, eben weil er seines Wahlsiegs gewiss war (s. ob. S. 740 A. 31), von ihm selbst nur als ultima
ratio betrachtet wurde, zeigt sich auch in seiner Antwort auf Catos
kurz vorher gegangene drohende Ankündigung einer Anklage (p. Mur.
25, 51). Denn in den Worten: si quod esset in suas fortunas incendium excitatum, id se non aqua, sed ruina restincturum knüpft
Catilina seine Drohung das Staatsgebäude zertrümmern zu wollen

---

33) Die bessere Lesart in der ob. S. 740 A. 32 angeführten Stelle Cic.
p. Mur. 25, 51 ist: si ita de se meritum esset. Aber auch wenn cum ge-
lesen werden müsste, könnte nicht ohne wesentliche Beeinträchtigung des
Sinns mit Drumann V, 449 übersetzt werden: „da er es um ihn verdient
habe". Denn meritum esset bezieht sich augenscheinlich auf die bevor-
stehende Wahl, da von früheren Verdiensten des alterum corpus reipublicae um Catilina nicht die Rede sein kann, ist also Conj. Fut. ex.

doch nur erst an die Bedingung, dass man es mit Gewalt versuchen würde ihn zu ruiniren, d. h. in concreto: dass man seiner Bewerbung und Designation irgend ein Hinderniss in den Weg legen würde. So steht denn auch sein übriges damaliges Verhalten ganz in Beziehung zu seiner Bewerbung. Denn selbst die unter der Führung des Manlius (Plut. Cic. 14) und anderer ehemaliger sullanischer Centurionen nach Rom gezogenen Militärcolonisten waren zunächst jedenfalls nur als Stimmmaterial gedungen und giengen darum nach der Wahl mit ihren Führern wieder in ihre Heimat zurück (s. unten S. 796). Ist doch die ganze Art und Weise, wie Catilina seine Bewerbung betrieb und im Senat auftrat, die geradezu darauf abzuzielen schien die allgemeinste Aufmerksamkeit auf sein Treiben zu lenken, nur dann begreiflich, wenn er sich bewusst war noch auf gesetzlichem Boden zu stehen, wenn er noch nichts zu verhüllen hatte. In dieser Beziehung kann es genügen auf den Unterschied der Haltung hinzuweisen, die der „ruchlose Klopffechter" gegenüber der Interpellation wegen seiner Aeusserungen in der Wahlversammlung anzunehmen wagte (s. ob. S. 740 A. 32), von dem Tone, den der schuldbewusste Verschwörer auf Ciceros erste catilinarische Rede hin anzuschlagen für gut fand (Sall. 31, 7).

Mit derselben Offenheit, mit der Catilina selbst agitirte, wurde nun aber seine Bewerbung nicht allein von Menschen, die nichts mehr zu verlieren hatten, sondern von allen seinen Anhängern, besonders von der jungen Nobilität unterstützt. So konnte Cicero[34]) den Anschluss des jungen M. Cälius an Catilina zur Zeit und aus Anlass dieser Bewerbung offen zugestehen, weil jener damit eben nur gethan, „was viele aus allen Ständen und Altersclassen und darunter auch manche Männer von conservativer Gesinnung gethan haben". Und die Beschuldigung, dass Cälius auch an der Verschwörung betheiligt gewesen sei, kann nur dann von den Anklägern nur so „nebenbei" und ohne eigene Ueberzeugung aufgestellt und vom Vertheidiger kaum der Widerlegung werth erachtet worden sein, wenn damals die Verschwörung anerkanntermassen noch nicht be-

---

34) Cic. pro Cael. 4, 10: At enim postea (Catilina iterum petente) scimus et vidimus esse hunc in illius amicis. *Quis negat?* 5, 12: studuit Catilinae, cum iam aliquot annos esset in foro, Caelius: *et multi hoc idem ex omni ordine atque ex omni aetate fecerunt.* 6, 14: qua re ista condicio, iudices, respuatur nec Catilinae familiaritatis crimen haereat. Est enim commune cum multis et cum *quibusdam etiam bonis.* — — — Cuius in magnis catervis amicorum si fuit etiam Caelius etc. 7, 15: Itaque a maledictis pudicitiae ad coniurationis invidiam oratio est vestra delapsa. Posuistis enim, *atque id tamen titubanter et strictim,* coniurationis hunc propter amicitiam Catilinae participem fuisse: in quo non modo crimen non haerebat, sed vix diserti adolescentis cohaerebat oratio. Qui enim tantus furor in Caelio? quod tantum aut in moribus naturaque vulnus aut in re atque fortuna? ubi denique est in ista suspicione Caelii nomen auditum? Nimium multa de *re minime dubia* loquor.

standen hatte, ja sogar nur dann, wenn sie damals noch ziemlich
fern war.

Die Auffassung, dass es sich nur um weitgehende Wahlumtriebe
handle, muss endlich auch im Senat massgebend gewesen sein.
Nachdem schon kurz vorher (die Wahl war bereits angekündigt
Cic. in Vatin. 15, 37) aus Anlass der Berathung über die Verschärfung des Ambitusgesetzes (p. Mur. 32, 67) die Umtriebe der Candidaten im Senat zur Sprache gekommen waren und wahrscheinlich
bei dieser Gelegenheit Cato dem Catilina und Murena mit gerichtlicher Verfolgung auf Grund der neuen Bestimmung, die das Dingen
von sectatores verbot, gedroht hatte, nahm der ängstliche Consul
Angesichts der naturgemäss in den letzten Tagen vor der Wahl
noch gesteigerten Agitation, die ihren demonstrativen Ausdruck in
dem verfänglichen Wahlprogramm fand, Veranlassung am Tage
vor dem ursprünglichen Wahltermin über jene stadtkundig gewordenen Aeusserungen im Senat zu referiren und für den folgenden Tag an Stelle der Comitien eine Berathung zu beantragen.
An diesem Tage hat nun ohne Zweifel Cicero nach Catilinas herausfordernder Antwort bestimmte Befürchtungen für die Eventualität
der Wahl Catilinas und für den Wahlact selbst ausgesprochen.
Denn darauf, dass er von Seiten der sullanischen Veteranen eine
Störung der Comitien befürchtete, wird wohl die Meldung Plutarchs Cic. 14 und Dios 37, 29 zu reduciren sein, Cicero habe,
schon vorher von dem ihm beim Wahlact drohenden Attentat unterrichtet, diesen Anschlag im Senat denuncirt, aber keinen Glauben
gefunden. Denn in diesem Fall hätte er weder das theatralische
Arrangement mit dem Panzerhemd (p. Mur. 26, 52. Plut. Cic. 14.
Dio 37, 29) nöthig gehabt, noch später behaupten können, es habe
kein Mensch ausser seinen Freunden eine Ahnung von jener Gefahr
gehabt (pro Sull. 18, 51). Sicher ist, dass der von ihm gewünschte
Beschluss nicht zu Stande kam, sondern nur eine „mollis sententia"
(Cic. Cat. I, 12, 30), die Catilinas Bewerbung nicht im mindesten
anfocht. Der Grund davon liegt aber gewiss mehr darin, dass Cicero
nur Befürchtungen und ausser den offenkundigen Thatsachen nichts
Belastendes oder Glaubwürdiges vorzubringen hatte[35]) als in der
„Verblendung oder Feigheit" des Senats, die man so überaus geneigt
ist für alle Unbegreiflichkeiten der catilinarischen Verschwörung zu
Hilfe zu rufen (vgl. Drumann V, 426). Wer freilich glaubt, schon
im Jahr zuvor seien die Verschwörungspläne im Detail kund geworden, ohne die geringste Wirkung auf die Behörden auszuüben,
im Jahr darauf aber seien aufs neue Gerüchte ins Publicum gedrungen, die zwar an sich viel weniger gravirend und bestimmt
waren, aber dann doch nach jenem Vorgang durchaus nichts „Räthsel-

---

35) Vgl. Dio 37, 29: Ἐπειδή τε οὐκ ἔπεισε cφᾶc ψηφίcαcθαί τι ὧν
ἠξίου, οὔτε γὰρ πιθανὰ ἐξηγγελκέναι καὶ διὰ τὴν ἑαυτοῦ ἔχθραν καταψεύδεcθαι τῶν ἀνδρῶν ὑπωπτεύθη, ἐφοβήθη κ. τ. λ.

haftes" (Plut. Cic. 14: τούτων ἔς τε τὴν βουλὴν καὶ τὸν δῆμον ἠνιγμένων) mehr hätten haben können, sondern einen bereits allgemeinen Verdacht dringend bestätigt haben müssten, oder wer gleich Cicero, der natürlich nachträglich, nachdem er Recht behalten, das damalige Verhalten des Senats als ein kurzsichtiges und feiges bezeichnen konnte (p. Mur. 25, 51) den falschen Schluss ex eventu zieht, dem bleibt allerdings allein jene psychologische Erklärung übrig, die ein Räthsel zu lösen versucht, in dem sie ein neues, ebenso unlösbares aufgibt. Wäre es möglich gewesen auch nur den Verdacht des Bestandes einer hochverrätherischen Verbindung zu erwecken — was Cicero bei seinem Spionirsystem etwa vermittelst der beliebten Operation mit Briefen (vgl. Plut. Cic. 15. Sall. 30, 1) nicht hätte schwer fallen können —, so hätte man doch wenigstens — und dies war wohl der von Cicero gewünschte Beschluss — die Wahl bis auf weiteres suspendirt, dadurch Catilina seiner auswärtigen Stimmgeber beraubt und ihm eine Art Friedensbürgschaft auferlegt, Cato hätte mit seiner Drohung Ernst gemacht, und mindestens wäre Cicero zu seinem persönlichen Schutz am Wahltag nicht auf seine Privatsicherheitsmassregeln angewiesen gewesen (vgl. Dio 36, 44). So aber war vielleicht von Verschwörung in jener Sitzung überhaupt nicht die Rede, und wenn, so war man das Schwarzmalen hinlänglich an Cicero gewöhnt, um nichts auf seine Verdächtigungen zu geben, kurz die suspendirte Wahl wurde ohne Zweifel auf den folgenden oder einen der nächsten Tage angesetzt. Und dieses Resultat der Senatssitzung war der Grund, warum Catilina frohlockend über die ihm gewordene Genugthuung und über die gründliche Desavouirung seines persönlichen Gegners, besonders aber über das Unterbleiben einer Vertagung oder Suspension der Wahl gleich nach der Beschlussfassung die Curie verliess („triumphans gaudio e senatu erupit"). Aber die moralische Wirkung dieser Vorgänge auf alle conservativen Elemente des Staats war nicht ausgeblieben. Sie, deren numerische Stärke Catilina unterschätzt hatte, vereinigten — nach Cicero p. Mur. 26, 52 f. unter der Einwirkung der Meinung, der Wahldirigent sei persönlich von Catilina bedroht — ihre Stimmen auf Murena und Silanus. So scheiterte auch diesmal Catilinas Bewerbung.

Das Attentat aber, das Cicero für die Wahlcomitien befürchtete, blieb unversucht. Es ist desshalb auch sehr schwer zu sagen, ob thatsächlich die Absicht eines Mordanschlags auf den Wahldirigenten und Catilinas Mitbewerber vorlag und was der Zweck desselben hätte sein sollen. Bedenken wir jedoch, dass Cicero selbst der einzig competente Gewährsmann dafür ist und dass er schon wegen seines Auftretens gegen Catilina im Senat (Dio 37, 29: ἐφοβήθη ἄτε καὶ προσπαρωξυγκὼς τὸν Κατιλίναν) Grund hatte sich am Wahltag für alle Fälle gegen den Dolch eines Meuchelmörders zu sichern, vor allem aber, dass die Erweckung des Scheins, als sei er inmitten des Volks, bei der Ausübung seines Berufs persönlich gefährdet, zugleich in hohem Grad auf die Abstimmung einzuwirken geeignet war, so scheint es kaum zweifelhaft, dass dieses Attentat lediglich eine Erfindung theils der Angst, theils der Politik und persönlichen Feindschaft Ciceros ist (vgl. Dio 37, 29: τῆς τε ἑαυτοῦ ἀσφαλείας καὶ τῆς ἐκείνων διαβολῆς ἕνεκα), die dann, nachdem die Veranstaltung die gewünschte Wirkung gehabt hatte, so unermüdlich von ihm verbreitet und mit dem nöthigen Detail ausgeschmückt wurde, dass schliesslich alle Welt und er selbst daran glaubte. Verrathen doch seine eigenen Angaben[36]) eine bedenkliche Zweideutigkeit, wenn er p. Mur. 26, 52 sagt, dass der blosse Anblick des Panzers ihm die Hilfe und den Schutz aller Patrioten zugeführt und an anderer Stelle, dass er seine Rettung nur seinen eigenen Sicherheitsmassregeln, nemlich der starken Leibwache seiner Freunde, zu verdanken gehabt (Cat. I, 5, 11), während sonst niemand etwas für ihn gethan, niemand etwas geahnt habe (p. Sull. 18, 51). Hätte ferner Cicero wirklich befürchtet, Catilina habe es, wie einst Saturninus, auf die Ermordung eines Mitbewerbers und Erzwingung seiner Designation durch Waffengewalt (Dio 37, 29: ἵν' ὕπατος εὐθὺς χειροτονηθῇ) abgesehen gehabt, so hätte er es gegenüber dem 'Heer der sullanischen Colonisten' nicht bei der wenn auch starken Bedeckung seiner eigenen Person bewenden lassen können. Für ein blosses Attentat aber, also für einen Act der persönlichen Rache an Cicero und Sulpicius, welch letzterer sich wohl durch seine Agitation für die Verschärfung des Ambitusgesetzes (p. Mur. 23, 46) Catilinas besonderen Hass zugezogen hatte (ibid. 24, 49), wäre Zeit und Gelegenheit nicht eben günstig gewählt gewesen. Wenn übrigens auch wirklich Cicero damals durch den Dolch eines gedungenen Banditen hätte fallen sollen, was ja immerhin möglich ist, so dürfte doch daraus und aus Ciceros Bezeichnung seiner angeblichen Attentäter als homines iam tum coniurati nicht geschlossen werden, dass die Verschwörung schon vor der Wahl bestanden habe, da später Cicero begreiflicherweise diesen und die anderen Vorgänge um die Zeit der

---

36) Cic. p. Mur. 26, 52: His tum rebus commotus et quod homines iam tum coniuratos cum gladiis in campum deduci a Catilina sciebam, descendi in campum cum firmissimo praesidio fortissimorum virorum et cum illa lata insignique lorica, non quae me tegeret, — — verum ut omnes boni animadverterent et, cum in metu et periculo consulem viderent, *id quod est factum*, ad opem praesidiumque concurrerent. Cat. I, 5, 11: cum proximis comitiis consularibus me consulem in campo et *competitores tuos* interficere voluisti, compressi conatus tuos nefarios amicorum praesidio et copiis, nullo tumultu publice concitato. p. Sull. 18, 51: illum conatum Autronii et Catilinae, cum in campo consularibus tomitiis, quae a me habita sunt, *caedem* facere voluerunt, Autronium cum in campo vidimus — sed quid dixi vidisse nos? *ego vidi; vos enim tum, iudices, nihil laborabatis neque suspicabamini*, ego tectus praesidio firmo amicorum Catilinae tum et Autronii copias et conatum repressi.

der catilinarischen Verschwörung. 749

Wahl als zur Verschwörung gehörig betrachtete und darstellte (vgl. Cat. I, 10, 27; 12, 30) und gleichwohl seine eigene Erzählung die Beweise an die Hand gibt, dass vor den Consularcomitien für 692 die Verschwörung Catilinas noch nicht bestand. Nun stützt sich aber freilich die ganze vorausgehende Beweisführung aus den hauptsächlich in Ciceros Rede für Murena überlieferten Begebenheiten auf eine Annahme, die, wenn auch auf den übereinstimmenden Zeugnissen Sallusts (26, 5. 29), Plutarchs (Cic. 14 f.) und Dios (37, 29. 31) beruhend, doch noch weit entfernt von allgemeiner Anerkennung ist, nemlich auf die Ueberzeugung, dass die von Cicero pro Mur. 25, 50—26, 53 erzählten Ereignisse dem Juli, der in jener Periode gewöhnlichen Zeit der Consularcomitien[37]), angehören, nicht aber, wie immer noch vorherrschend angenommen wird[38]), die am ursprünglichen Wahltermin gehaltene Senatssitzung mit der des 21. Octobers, in welcher Cicero die Pläne der Verschwörung im Detail denuncirte und das S. C. ultimum zu Stande brachte (Cat. I, 3, 7 vgl. § 3 f.), zu combiniren sei, so dass die Wahl sammt den zwei vorhergehenden Sitzungen in das Ende des Octobers gefallen wäre und ebendarum ein zweimaliger Wahlaufschub, ein längerer, nicht beglaubigter, vom Juli auf 21. October und der kurze, von Cicero p. Mur. 25, 51 und Plutarch Cic. 14 (s. u. S. 750 A. 39) erwähnte angenommen werden müsste. Die Unrichtigkeit dieser Combination hat Baur im württ. Correspondenzblatt von 1868 S. 189 ff. überzeugend nachgewiesen und als die Zeit der

---

37) So fanden die Consularcomitien im J. 684 am 27. Juli (Pseudo-Asc. p. 134, 15 Or.), desgleichen im J. 693 trotz einer Dilation am 27. Juli (Cic. ad Att. I, 16, 13); im J. 694 aber, wie es scheint, noch im Juni statt (ad Att. II, 1, 9 vgl. mit Suet. Caes. 18. Plut. Caes. 13); wurden 695 vom Juli (vor dem 25. d. M. ad Att. II, 21, 3 u. 5) auf 18. October verschoben (ad Att. II, 20, 6); am 21. Juli 696 von Cicero als abgehalten vorausgesetzt (ad Att. III, 14, 1). Am 28. Juni 700 kam M. Scaurus ad consulatus petitionem aus der Provinz nach Rom (Asc. p. 19, 3). Am 1. August 703 waren die Consularcomitien vorbei (Cic. ad fam. VIII, 4, 1) und im J. 704 fanden sie eher vor als nach dem Juli statt (Caes. bell. Gall. 8, 50). Mommsens (Röm. Staatsrecht I S. 481 A. 6) Beschränkung der regelmässigen Wahlperiode der patricischen Magistrate auf die Zeit vom 10. bis Ende Juli scheint also dahin modificirt werden zu müssen, dass die Consularcomitien als die ersten in der Reihenfolge der Wahlen zu curulischen Aemtern in jener Zeit nicht ohne Vertagung nach, wohl aber zuweilen auch vor dem Juli gehalten zu werden pflegten.

38) Mommsen nimmt in seinem Röm. Staatsr. I, 481 A. 6 den 21. October, dagegen noch in der neuesten (6.) Auflage seiner Röm. Gesch. III, 184 den 20. October als den ursprünglich anberaumten Wahltag, als factischen Wahltag aber ebenda den 28. October und im Hermes I, 1866 S. 434 den 4. November an. Dübi a. a. O. p. 23 ff. und Jacobs, comm. Ausg. des Catilina 8. Aufl. S. 45 f. verlegen im Anschluss an Dietsch Ausg. v. 1859 I p. 32 die beiden Termine auf 21. und 28. October, während Zumpt a. a. O. p. 569 f. wie Drumann V, 450 den zweiten auf einen der dazwischen liegenden Tage (23. October) fixirt.

beiden Sitzungen vor der Wahl den Juli und als die der Wahl selbst den Juli oder August angenommen. Im Wiederabdruck dieser Abhandlung aber im Programm des Gymnasiums zu Buchsweiler von 1875 S. 10 A. 1 ist Baur der inzwischen publicirten und auch von Halm (Einl. zu den Catil. Red.⁸ § 14) acceptirten Annahme von Ludwig Lange (R. A. III, 241) beigetreten, dass die am ursprünglich anberaumten Wahltag gehaltene Sitzung am 23. September, dem Geburtstag des Kaisers Augustus (Suet. Aug. 5 u. 94), die Wahl selbst also Ende September (Lange a. a. O. und Halm, Einl. zu Mur. § 5: 'etwa Anfang October') stattgefunden habe, und hat damit gezeigt, dass er die inneren Gründe der zeitlichen Unvereinbarkeit jener Wahl mit den ersten Aeusserungen der Verschwörung nicht erkannt und darum in der Hauptsache auch nur auf Grund der Inconvenienz des Wortlauts der beiden confundirten Stellen jene Combination verworfen hat. Freilich genügen die hieraus zu entnehmenden Beweisgründe vollkommen die Thatsache ausser Zweifel zu stellen, dass die Sitzung, von der Cicero pro Mur. 25, 51 spricht, eine andere ist als die Cat. I, 3, 7 erwähnte; und schon Hagen S. 180 hat die Identification dieser beiden Sitzungen d. h. die Confundirung einer Verhandlung über unbestimmte verdächtige Aeusserungen Catilinas mit einer Berathung über bestimmte Verschwörungspläne und eines von Cicero als schwächlich bezeichneten Senatsbeschlusses mit dem 'extremum atque ultimum senatus consultum' (Caes. bell. civ. I, 5), ferner die völlig haltlose Annahme eines ersten, nirgends erwähnten[39]) Wahlaufschubs vom Juli auf den 21. October zurückgewiesen, und die erstere Sitzung richtig in den Juli verlegt; aber indem nun Hagen S. 160. 184 seinerseits eben den schwächlichen Beschluss dieser Sitzung in einer vierteljährigen Vertagung der Wahl (21. Juli auf 21. October) bestehen lässt, hat auch er den Hauptirrthum, die Voraussetzung, dass die Wahl (21. October) dem Ausbruch der Verschwörung zeitlich ganz nahe stehe, beibehalten. Nun führt zwar Baur (a. a. O. S. 195 A. u. S. 192. Programm S. 6) auch hiegegen die völlig zutreffenden Gründe an, dass in allen Berichten die Wahl ohne irgend welche Andeutung eines grösseren Zwischenraums unmittelbar an die zweite jener Sitzungen sich anschliesse und dass die mit Manlius zur Wahl nach Rom gekommenen Fäsulaner und Arretiner,

---

39) Zumpt a. a. O. S. 550 beruft sich sehr mit Unrecht für die Annahme einer ersten längeren Dilation der Wahl auf l'Iut. Cic. 14. Denn Plutarchs Erzählung: Διὸ (auf die angeblichen Anzeigen eines für die Wahl geplanten Attentats hin) τὴν ἡμέραν τῶν ἀρχαιρεσιῶν ὑπερθέμενος ὁ Κικέρων ἐκάλει τὸν Κατιλίναν εἰς τὴν σύγκλητον καὶ περὶ τῶν λεγομένων ἀνέκρινεν. Ὁ δὲ — — — ἀπεκρίνατο τῷ Κικέρωνι μανικὴν ἀπόκρισιν· Τί γάρ, ἔφη, πράττω δεινόν, εἰ δυοῖν σωμάτων ὄντων κ. τ. λ. folgt augenscheinlich der Darstellung Ciceros p. Mur. 25, 51 und gibt mit ὑπερθέμενος etc. Ciceros fieri senatus consultum referente me, ne postero die comitia haberentur.

wenn die Wahl erst am 21. October gewesen wäre, sich einer bewundernswürdigen Schnelligkeit befleissigt haben müssten, um am 27. October (Sall. 30, 1. Cic. Cat. 1, 3, 7) in Fäsulä zu der Schilderhebung des Manlius rechtzeitig einzutreffen. Aber erschöpfend ist damit der Beweis gegen Hagen nicht geführt, selbst wenn ausserdem in Erwägung gezogen wird, dass diese Verlegung der Schilderhebung nach Nordetrurien überhaupt unbegreiflich wäre, wenn sich das Insurrectionscorps bereits in der Stadt selbst zusammengefunden gehabt hätte, ferner dass das S. C. ultimum an und für sich mit der Wahl kaum vereinbar ist, sofern dieselbe, wenn die Verhältnisse einmal diese ungewöhnliche Massregel erheischten, schon aus polizeilichen Gründen bis zur Herstellung der nöthigen Sicherheit suspendirt worden wäre[40]), oder wenn nicht, wenigstens der mit dictatorischen Befugnissen ausgestattete Wahldirigent nicht darauf hätte angewiesen sein können privatim für seine Sicherheit zu sorgen. Denn all das macht immer nur soviel sicher, dass die Wahl dem 21. October nicht unmittelbar nahe gewesen und noch weniger nachgefolgt sein kann. Die Gründe aber, die positiv für eine grössere zeitliche Distanz der Wahl von den Ereignissen des Octobers beweisen, sind freilich nur dann zugänglich, wenn das Vorurtheil fällt, dass die catilinarische Verschwörung schon seit dem Jahr 690 und überhaupt vor den Consularcomitien für 692 bestanden habe. Denn wer an der sallustianischen Ueberlieferung festhält, aber die zeitliche Entfernung der in der Mureniana berührten Vorgänge von dem Ende des Octobers anerkennt, für den muss der Verlauf der Verschwörung, das Verhalten des Senats wie das des Catilina um so unverständlicher werden, je grösser jener Zwischenraum anzunehmen ist. Es wäre nemlich alsdann einzuräumen, dass der Senat sich erst zur officiellen Anerkennung der Verschwörung entschlossen habe, nachdem zum dritten Mal (1.) Sall. 23. Plut. Cic. 11. 2.) Cic. p. Mur. c. 25. Plut. Cic. 14. 3.) Sall. 29, 1. Plut. Cic. 15. Dio 37, 31) durch Gerüchte und Anzeigen ihr Bestand sich bekundet gehabt, ferner dass Catilina, obwohl er von Anfang an zum Bürgerkrieg entschlossen gewesen und im J. 690 nur auf den Antritt des Consulats, im J. 691 aber nur noch auf die Designation (Sall. 26, 1) habe warten wollen, um loszuschlagen, nach seiner zweiten repulsa noch mehrere Monate habe hingehen lassen, ohne einen Finger zu rühren. Eben diese geschichtlichen Unwahrscheinlichkeiten und nicht das 'Verlockende' des Umstands, dass 'in jeder der beiden combinirten Stellen von einer caedes und von einem senatus consultum die Rede ist' (Baur, Programm S. 7 f. Corr. S. 192 f.), sind ja offenbar die

---

40) So wurden in Folge von Unruhen die prätorischen Comitien für 688 suspendirt (Cic. ad Att. I, 11, 2. de imp. Pomp. I, 2 vgl. Dio 36, 39) und im J. 702 hatte Pompejus in dem S. C. ultimum einen gegründeten Vorwand die Consularcomitien zwei Monate zu verzögern (Asc. p. 35. 37).

tieferen Gründe, warum trotz des directen Widerspruchs der Zeugnisse Sallusts, Plutarchs und Dios und obwohl die meisten Erklärer (vgl. Drumann V, 450 ob. Linker a. a. O. S. 263 A. 1. Mommsen, Hermes I, S. 435. Tischer zu Cic. p. Mur. 25, 51) die Inconvenienz des Wortlauts der combinirten Stellen recht wohl fühlten, doch an der Identificirung des 'schwächlichen' Beschlusses mit dem nach so langem Bestand der Verschwörung einzig angemessen erscheinenden (vgl. Halm zu Cic. p. Mur. 25, 51) S. C. ultimum und an der Annahme einer vierteljährigen Vertagung der Wahl so consequent festgehalten worden ist und noch festgehalten wird. Erst nach Beseitigung dieser Wurzel des Irrthums können die schlagenden Gründe, (die aber freilich auch die Verlegung der Wahl auf Ende September oder Anfang October unmöglich erscheinen lassen), zur Geltung gelangen, dass Cicero nur dann (p. Mur. 26, 52) sagen konnte, **schon zur Zeit der Wahl habe die Verschwörung existirt**[41]) und nur dann p. Cael. c. 4 ff. (s. o. S. 745 A. 34) die Theilnahme des jungen Cälius an der Verschwörung so entschieden in Abrede ziehen und dessen und anderer

---

41) Höchst bezeichnend dafür, zu welchen Hilfsmitteln die Erklärer, die die Wahl hinter, auf oder kurz vor den 21. October verlegen, greifen müssen, um die Widersprüche zu beseitigen, in die sie dadurch mit der natürlichen Worterklärung gerathen, ist ihr Verhalten gegenüber dieser handschriftlich völlig unbescholtenen Stelle in der Rede für Murena: his tum rebus commotus et quod *homines iam tum coniuratos cum gladiis in campum deduci a Catilina sciebam*, descendi in campum etc. Tischer in der nachmals von Halm bearbeiteten commentirten Ausgabe der Rede für Murena Weidmann 1861 und Hagen S. 160 f. verstossen gröblich gegen die Gesetze der Wortstellung, wenn jener iam tum zu sciebam, dieser zu deduci zieht und letzterer mit dem Zugeständniss, dass der Ausdruck 'wunderlich' sei und keinen Sinn gebe, wenn iam tum auf einen kurzen Zeitunterschied gehe, folgende Erklärung zum Besten gibt: 'durch diese Sachen schon (!) damals — — aufgeregt und weil ich wusste, dass schon damals — nemlich vor dem 21. Juli, woraus er schloss, dass es am 21. October wieder geschehen würde — Verschworene bewaffnet von Catilina auf das Marsfeld geführt wurden (wozu denn?), begab ich mich — drei Monate später — bewaffnet zur Wahl'. Radicaler, aber rationeller verführt Halm (zu p. Mur. 26, 52 und im kritischen Anhang S. 90; 2. Aufl.), indem er in der Erwägung, dass die Ueberlieferung gerade das Gegentheil von dem besage, was erwartet werde, homines iam tum coniuratos kurzweg als Glossem auswirft, a Catilina in Catilinam ändert, cum gladiis mit ab armatis erklärt und, was wohl angienge, deducere hier als Wechselbegriff für das technische sectari oder assectari (p. Mur. 32, 67. 33, 70) fasst — alles nur dem chronologischen Vorurtheil zu Liebe. Ueberdies wäre dem Uebel damit nicht abgeholfen, denn die ganze Haltung des Berichts über jene die Wahl begleitenden Vorgänge in der spätestens Ende November (s. u. S. 762 A. 45) gehaltenen Mureniana weist entschieden auf eine grössere zeitliche Entfernung der Wahl hin. Das nolite a me commoneri velle, recordamini und meministis (§ 50 f.), was ganz unerträglich wäre, wenn die Wahl mit den Octoberereignissen zusammen gefallen wäre, würde so offenkundigen Vorgängen und ihrer Wirkung gegenüber (vgl. § 50 in.) auch nach 6--7-wöchentlicher Frist einigermassen seltsam geklungen haben.

„Patrioten" Thätigkeit für die Bewerbung Catilinas als etwas an sich
Unverfängliches hinstellen konnte, wenn ein längerer, jedenfalls
mehrmonatlicher Zeitraum die Wahl von der Enthüllung der Verschwörung am 21. October getrennt hat; vor allem aber, dass sich
Catilina, wenn er sich schon vor der Wahl für die Revolution entschieden gehabt haben würde, nicht mehr um das Consulat beworben hätte noch hätte bewerben können. Die Thatsache nemlich,
dass Catilina noch im J. 691 auf gesetzmässigem Wege zum Consulat zu gelangen suchte, bliebe ein Räthsel, wenn die Wahl einer
Zeit angehören würde, wo die Würfel für die Empörung schon
gefallen waren. Wenn nicht geradezu unmöglich, so doch völlig
bedeutungslos für die Revolution wäre Catilinas Bewerbung dann
gewesen, wenn die Wahl erst am 21. October oder später stattgefunden hätte. Denn da nach der allgemeinen Annahme am
27. October in Fäsulä, am Tag darauf in Rom losgeschlagen werden
sollte, so müssen schon am 21. alle Vorbereitungen zu dieser gemeinsamen Action getroffen, insbesondere bei der namhaften Entfernung von Fäsulä und Rom (c. 200 Millien) die Ordres gegeben
gewesen sein. Und dass dies thatsächlich der Fall war, zeigt der Umstand, dass Cicero am 21. October diesen Insurrectionsplan sammt den
Terminen voraussagen konnte und gleichwohl die Erhebung in
Fäsulä an dem vorausgesagten Tage erfolgte (Cic. Cat. I, 3, 7),
offenbar nur weil kein Gegenbefehl mehr eintraf (s. u. S. 790). Catilina
hätte also auch im Fall des Wahlsiegs den Fortgang der Bewegung
nicht mehr aufhalten können, und der Antritt des Consulats selbst
wäre nun nicht mehr von der Designation, sondern von dem Erfolg
der Revolution abhängig gewesen, dieser aber hätte, wenn er für
ihn günstig gewesen wäre, ihm nicht bloss das Consulat auch ohne
Wahlceremonie, sondern gleich das erstrebte Principat in den Schooss
geworfen. Aber auch wenn die Wahl in die letzten Tage des Septembers oder in die ersten des Octobers gefallen wäre, hätte Catilina
schon vor der Wahl die einleitenden Schritte zu dieser nicht unbedeutenden gleichzeitigen Action in Rom und Nordetrurien getroffen,
vor allem die Verschwörung schon vorher organisirt haben müssen,
wie dies denn auch von allen Vertretern dieser Ansicht — Halm
Einl. zu d. Cat. R. § 12 verlegt folgerichtig auch die Entsendung
der Agitatoren (Sall. 27, 1) vor die Wahl — angenommen wird.
Was hieng nun in diesem Fall von seiner Bewerbung und ihrem
Erfolg ab? Wollte er jedenfalls noch im J. 691 losschlagen, gleichviel ob gewählt oder nicht, oder wollte er, wenn er gewählt wurde,
bis zum Antritt des Consulats zuwarten? Jenes scheint Sallust
26, 1 anzunehmen, wenn er als Beweggrund der Erneuerung seiner
Bewerbung die Hoffnung anführt, si designatus foret facile se ex
voluntate Antonio usurum. Aber war denn die Unterstützung des
unzuverlässigen und von Cicero durch Ueberlassung der einträglicheren Provinz kirre gemachten (Cic. in Pis. 2, 5) Antonius für

Catilina werthvoller als die Hilfsmittel, die ihm sein eigenes Consulat in die Hände gegeben hätte? Zwar spricht auch Cicero p. Mur. 24, 49 von Zusicherungen, die Catilina von Antonius erhalten haben wolle. Aber offenbar sind damit nur Zusagen hinsichtlich der Unterstützung der Bewerbung selbst gemeint, wie sowohl aus dem Zusammenhang hervorgeht als daraus dass weder Catilina öffentlich von andern Zusicherungen des Consuls Antonius gesprochen noch Cicero seinen wenige Tage vor jener Rede gegen Catilina ausgezogenen (p. Mur. 39, 84) Amtsgenossen zu compromittiren beabsichtigt haben kann. Jedenfalls, werden wir demnach zu subsumiren haben, hatte Catilina wie im Jahr zuvor (Sall. 20, 17. 21, 3) die Ausführung seiner Pläne dem Consulat vorbehalten und hat sich, vorausgesetzt dass dieselben von Anfang an auf eine bewaffnete Erhebung gerichtet waren, eben nur desshalb beworben, um durch den consularischen Namen und die Befugnisse des consularischen imperium mühelos und sicher in den Besitz der Mittel zu gelangen, deren Aufbietung ihn als Privatmann sammt seinen Mitverschworenen in tausend Gefahren, Schwierigkeiten und Opfer verwickeln musste, mit andern Worten, um den Weg der Verschwörung überhaupt vermeiden zu können und vielmehr wie seiner Zeit Lepidus es versucht hatte, durch Terrorismus und offene Gewalt das Consulat in die Dictatur übergehen zu lassen. Da nun Catilina noch am Tag der Comitien seines Wahlsiegs gewiss war (Cic. p. Mur. 24, 49. 26, 52 f.), und ihm selbst für den Fall dass er sofort nach dem Antritt des Consulats sein Unternehmen hätte zur Ausführung bringen wollen, das Intervall zwischen Designation und Amtsantritt Zeit genug zu den Vorbereitungen übrig gelassen hätte, so hatte er nicht den mindesten Grund schon vor der Wahl irgend einen der einleitenden Schritte zu einem gewaltsamen Umsturz zu thun; dagegen hatte er allen Grund keinen derselben zu thun, weil auch bei dem Volk nichts seiner Bewerbung mehr hätte schaden müssen als der Verdacht, er habe die sullanischen Veteranen als Hebel und Stütze einer Militärdespotie an sich gezogen und suche nun im Consulat die Operationsbasis zu einem greuelvollen Bürgerkrieg zu gewinnen. So begreiflich es daher ist, dass Catilina alles daran setzte zum Consulat zu gelangen und die Wahlumtriebe bis zu den äussersten Grenzen des gesetzlich Möglichen trieb, so unmöglich ist die Annahme, dass er schon vor der Wahl für 692 eine Verschwörung angestiftet oder gar — und wäre es auch nur 'für alle Fälle' (Baur, Corr. S. 196 f. Progr. S. 11 s. u. S. 776 A. 49) — militärische Vorbereitungen zum offenen Aufstande getroffen habe. Allein dass Catilina das Consulat nur als Stützpunkt für eine Revolution betrachtet und erstrebt habe, also unter allen Umständen zu einem gewaltsamen Umsturz entschlossen gewesen sei, ist zwar eine Anschauung, die sich auf die Zeugnisse Sallusts (5, 6. 16, 4.), Plutarchs (Cic. 11: βουλόμενος ὁ Κατιλίνας ἰσχυρόν τι προκαταλαβεῖν ὁρμητήριον ὑπατείαν μετῄει) und Appians (bell. civ. II, 2: ἐς ὑπατείαν παρήγγελεν ὡς τῇδε παροδεύσων ἐς τυραννίδα) stützt; aber Catilinas eigenes Zeugniss berechtigt, wie wir sahen, zu der Annahme, dass er im Fall der Designation zunächst jedenfalls den Versuch gemacht hätte als Consul durch radicale Gesetzesvorschläge und dann durch missbräuchliche Verwaltung des Proconsulats seine eigenen und die Wünsche seiner Partei zu befriedigen. Allerdings musste bei einem solchen Vorhaben, wie die früheren ähnlichen Unternehmungen und die noch näher verwandten späteren des Prätors (706/48) M. Caelius Rufus (Drumann II, 419 ff. Lange, R. A. III, 417 ff.) und des Volkstribunen (707/47) P. Cornelius Dolabella (Drumann II, 568. Lange III, 423) zur Genüge zeigen, die Eventualität der Revolution in ziemlich sichere Aussicht genommen werden, und dass auch Catilina mit diesem Fall rechnete, beweist er, indem er als ein Haupterforderniss bei der Führerschaft der socialistischen Partei rücksichtslosen Muth bezeichnet (Cic. p. Mur. 25, 50). Aber dass er, wie es freilich das consilium opprimundae reipublicae nothwendig gemacht hätte, von vorn herein zur bewaffneten Insurrection entschlossen gewesen sei, lässt auch seine frühere Stellung zu Cäsar und Crassus als eine höchst unwahrscheinliche Annahme erscheinen. Kann er, der sich Jahre lang um den Preis des Consulats zum willigen Werkzeug an Macht und Bedeutung ihm weit überlegener Männer hergegeben hatte, deren Endzwecke er hinlänglich erkannt haben musste, sich mit dem Plan einer socialen Revolution getragen haben, in der Hoffnung dann auf den Trümmern des Staats seinen eigenen Thron aufrichten und denselben gegen die Militärmacht des heimkehrenden vom Volk angebeteten Pompejus behaupten zu können? Sicher ist auch diese Ansicht nur ein durch Sallust entstandenes Vorurtheil, das mit der Voraussetzung, Catilina habe seine Verschwörung vor den Consularcomitien für 691 organisirt, in natürlicher Wechselwirkung steht. Haben wir letzteres als Irrthum erkannt, so haben wir nun auch keinen Grund mehr die Entstehung des Umsturzplans der Wahl der Consuln für 692 vorangehen zu lassen. Offenbar hat vielmehr erst das Scheitern der zweiten Bewerbung Catilinas, das ihm definitiv die Hoffnung abschnitt als Consul sich und seine Anhänger zu rehabilitiren und dann in einer reichen Provinz sich vollends von den Opfern der Processe und wiederholter Bewerbung erholen zu können die Eventualität herbeigeführt, deren Eintritt er selbst mit der Drohung angekündigt hatte: si quod esset in suas fortunas incendium excitatum, id se non aqua, sed ruina restincturum. Die Niederlage Catilinas bei der Bewerbung um das Consulat für 692 war die Veranlassung der catilinarischen Verschwörung.

Diese Thatsache, die schon Ciceros indirectes Zeugniss dem Zweifel entrückt hat, wird überdies durch eine ganze Reihe directer Zeugnisse bestätigt. Vor allem hat Catilina selbst unzweideutig

die wiederholte Zurückweisung vom Consulat als Beweggrund seiner
Empörung bezeichnet, wenn er in dem Schreiben an Q. Lutatius Catulus (Sall. 35), das nicht nur das Gepräge der Aechtheit, sondern
auch abgesehen von einiger Sucht zu beschönigen das innerer Wahrheit an sich trägt, sich so äussert: iniuriis contumeliisque concitatus,
*quod fructu laboris industriaeque meae privatus statum dignitatis non
obtinebam*, publicam miserorum causam pro mea consuetudine suscepi:
non quin aes alienum meis nominibus ex possessionibus solvere
possem, — — sed *quod non dignos homines* (690: Cicero; 691: L.
Licinius Murena, erster Consul seiner Familie (Drum. IV, 186) und
D. Junius Silanus, Plebejer (Drum. IV, 46)) *honore honestatos videbam neque falsa suspicione* (vgl. o. S. 748) *alienatum esse sentiebam*.
Der Epitomator des Livius ferner hat uns die Notiz überliefert
lib. 102: L. Catilina, *bis repulsam in petitione consulatus passus*, cum
Lentulo praetore et Cethego et pluribus aliis *coniuravit* de caede
consulum et senatus, incendiis urbis et opprimenda republica, exercitu
quoque in Etruria comparato. Dass aber Livius wirklich die Verschwörung nicht nur in zeitliche, sondern auch in ursächliche Verbindung mit der zweiten repulsa des Catilina gebracht hat, darf aus
der Erzählung des auch bei der Verschwörung von 688 ihm folgenden Cassius Dio geschlossen werden, der 37, 30 die Anstiftung
der gegen den Staat gerichteten Verschwörung sammt dem aus
Sallust und Plutarch entnommenen unvermeidlichen Menschenopfer
beim Verschwörungsact den Consularcomitien für 692 nachfolgen
lässt und indem er sagt: καὶ οὕτως ὕπατοί τε ἕτεροι ἡρέθησαν,
καὶ ἐκεῖνος (Κατιλίνας) οὐκέτι λάθρα[42]) οὐδὲ ἐπὶ τὸν Κικέρωνα
τούς τε σὺν αὐτῷ μόνους, ἀλλὰ καὶ ἐπὶ πᾶν τὸ κοινὸν τὴν ἐπιβουλὴν συνίστη, die politische Verschwörung offenbar als eine erst
durch das Scheitern seines Versuchs zum Consulat zu gelangen her-
beigeführte Eventualität darstellt. Desgleichen geht es sicherlich auf
den Einfluss der livianischen Darstellung der Verschwörung zurück,
dass Velleius Paterculus II, 34 und Florus, obwohl dessen
bellum Catilinarium ein Excerpt aus Sallust ist, nicht die geringste
Andeutung über ihr Zurückgreifen ins Jahr 690 geben, vielmehr
Florus (vgl. IV, 1: actum erat de pulcherrimo imperio, nisi illa coniuratio in Ciceronem et Antonium consules incidisset) sowie Eutro-
pius (IV, 15: M. Tullio Cicerone et C. Antonio Coss. L. Sergius
Catilina — — ad delendam patriam coniuravit cum quibusdam claris

---

42) In dem unklaren und nur proleptisch gefasst richtigen οὐκέτι
λάθρα ist der Einfluss des sallustianischen quoniam quae occulte temptaverat aspera foedaque evenerant (26, 5. s. u. S. 774) nicht zu verkennen.
Oder sollte Dio die Stelle Cic. Cat. 1, 5, 12 (vgl. auch in Pis. 2, 5) vor
sich gehabt haben, wo Cicero, nachdem er § 11 von den gegen seine
Person gerichteten Mordversuchen gesprochen, fortführt: nunc iam *aperte
rempublicam universam* petis? Dio hätte alsdann nur die Zeit dieser
Worte ausser Acht gelassen.

quidem, sed audacibus viris) Beginn wie Ausbruch der Verschwörung ausdrücklich dem J. 691 zuweisen. Appian endlich lässt zwar bell. civ. II, 2 in Catilina aus Anlass seiner Bewerbung um das Consulat für 691 den Entschluss zu einem Staatsstreich entstehen, dessen Ausführung seinem Consulate vorbehalten und dessen Ziel seine Alleinherrschaft gewesen sei (ὡς τῇδε παροδεύων ἐς τυραννίδα), sowie den Verdacht hievon seinen Durchfall bei der Wahl herbeiführen. Die Entstehung der Verschwörung aber verlegt auch er deutlich in das Jahr, in welchem Cicero Consul und Lentulus (und Cethegus!) Prätoren waren, und betrachtet sie in augenscheinlichem Anschluss an den von Catilina selbst für seine Empörung angegebenen Beweggrund (Sall. Cat. 35, 3) als die Consequenz seiner gänzlichen Abkehr von der sein Endziel, die Monarchie, nicht rasch und bedeutend genug fördernden, sondern nur mit eitel Hader und Missgunst verknüpften politischen Laufbahn (αὐτὸς δὲ πολιτείαν μὲν ὅλως ἔτι ἀπεςτρέφετο ἐκ τοῦδε, ὡς οὐδὲν ἐς μοναρχίαν ταχὺ καὶ μέγα φέρουςαν, ἀλλ' ἔριδος καὶ φθόνου μεςτήν) d. h. als Folge des Entschlusses fernere Bewerbungen aufzugeben und nun auf dem directen Weg anzustreben, was sich ihm auf dem Umweg gesetzmässiger Bewerbungen um Staatsämter als unerreichbar gezeigt hatte. Auch Appian hat also richtig die Veranlassung der Verschwörung in der Erfolglosigkeit der Bewerbungen Catilinas erkannt und nur das übersehen, dass sie erst die Folge der repulsa bei der von ihm übergangenen Bewerbung für 692 gewesen ist.

So würde denn in der Datirung der Verschwörung nur Plutarch mit Sallust übereinstimmen, aber auch er emancipirt sich wesentlich von ihm in ihrer Motivirung, sofern er (Cic. 10) die Initiative bei ihrer Anstiftung im J. 690 einer eigennützigen Umsturzpartei zuweist, welche die sullanische Verfassung, die bis dahin durch die Macht der Gewohnheit unter steigender Befriedigung des Volks bestanden habe (!), zu stürzen beabsichtigt habe. Von dieser Partei zum Haupt erkoren, habe Catilina einen geheimen Bund gestiftet und in der Hoffnung auf die Amtsgenossenschaft und Unterstützung des Antonius durch Bewerbung um das Consulat eine Operationsbasis zu gewinnen gesucht. Das Bekanntwerden des Komplotts unter der Nobilität sei die Ursache seines Durchfalls gewesen. Nachdem sodann 'die grossen Vorkämpfe' der tribunicischen Agitationen gegen die 'sullanische' Verfassung durch Ciceros Verdienst einen für die Umsturzpartei ungünstigen Verlauf genommen, habe vor den Consularcomitien für 692 die Anfangs eingeschüchterte (πτήξαςα καὶ καταδείςαςα τὴν ἀρχήν) Verschwörung hauptsächlich unter dem stimulirenden Einfluss der sullanischen Veteranen (ἁρπαγὰς πάλιν καὶ διαφορήςεις πλούτων ἑτοίμων ὀνειροπολοῦντες) wieder ihr Haupt erhoben. — Es ist einleuchtend, dass in dieser, wie auch in Appians Erzählung nur ein unglücklicher Versuch vorliegt Sallusts Darstellung mit derjenigen anderer Quellen zu combiniren, nach denen es sich im J. 690 nur um eine politische Revolution, für die Catilinas und Antonius' Consulat die Hauptbedingung war, und erst im J. 691 um die hauptsächlich auf die sullanischen Veteranen sich stützende catilinarische Verschwörung gehandelt hat.

Ist somit nach dem einstimmigen Zeugniss der glaubwürdigen Ueberlieferung die Verschwörung erst nach der Wahl der Consuln für 692 entstanden und fallen demgemäss nicht allein alle militärischen Massregeln, sondern auch die Anzettlung der Verschwörung selbst in die Zeit zwischen Wahl und Mitte October, so muss diese Zwischenzeit mindestens mehrere Monate umfasst haben. Und nur desshalb konnte die Frist eines Vierteljahrs, die wir durch die Verlegung der Wahl in den gewöhnlichen Wahlmonat, den Juli, bekommen, zureichen, um schon im October mit den Vorbereitungen zur Ueberrumplung der Hauptstadt durch einen Handstreich, aber mit dem Rückhalt einer Insurrectionsarmee in Etrurien, fertig zu sein, weil die wesentlichsten Vorbedingungen zu einer Verschwörung schon vor der Wahl vorhanden waren. Catilina hatte sich aus Anlass seiner Bewerbung eine Partei geschaffen. Sie war an der Wahl mit ihm geschlagen und um ihre Hoffnungen betrogen worden. Aus ihr war es ein Leichtes für ihn sowohl den engeren als den weiteren Kreis von Theilnehmern an einem Unternehmen zu gewinnen, das zunächst die gleichen Ziele nur auf anderem Wege verfolgte (Sall. c. 33. 40), zumal da nun erst, wo zugleich ein politischer Umsturz in directer Aussicht stand, besonders die Zahl seiner geheimeren Anhänger aus den Reihen der Männer des unbefriedigten politischen Ehrgeizes (Sall. 17, 5. Cic. Cat. II, 9, 19) und der Gegner der Regierungspartei überhaupt (Sall. 37, 10) sich ansehnlich vermehren musste, und auch den Intentionen der sullanischen Veteranen ohne Zweifel der Weg roher Gewalt mehr entsprochen hat (Cic. Cat. II. 9, 20. Plut. Cic. 14. Dio 37, 30). Wenn nun auch sicherlich Manlius und die übrigen auswärtigen Commilitonen Catilinas gleich nach der Wahl mit Aufträgen in ihre Heimat zurückgegangen sind, so nahm doch die Organisation der Verschwörung in Rom, namentlich aber die Werbung und Bewaffnung eines Insurrectionsheers, mit Einschluss des Rückmarschs der Colonisten und der Zeitverluste der Communication mit dem Hauptquartier in Nordetrurien, sicher weit mehr Zeit in Anspruch als die Ansetzung der Wahl auf das Ende des Septembers oder den Anfang des Octobers übrig lassen würde.

Aber dieser von Lange R. A. III, 241 aufgebrachten Datirung der Wahl stehen ausser der zu starken Kürzung der die Wahl von dem 21. October trennenden Zwischenzeit, ausser den deutlich ein längeres Intervall andeutenden Stellen: Cic. p. Mur. 26, 52 und p. Cael. c. 4 ff. die gewichtigsten Bedenken entgegen. Die Combination stützt sich auf Suetons (Aug. 94) Notiz. *quo natus est*

(*Augustus*) die. cum de *Catilinae coniuratione agerctur in curia*, et Octavius ob uxoris puerperium serius affuisset, nota ac vulgata res est, P. Nigidium comperta morae causa, ut horae quoque partus acceperit, affirmasse dominum terrarum orbi natum. Diese an Augusts Geburtstag (M. Tullio Cicerone et Antonio coss. IX Kal. Oct. Sueton Aug. 5) über die catilinarische Verschwörung gehaltene Senatssitzung soll nach Lange die Sitzung des ursprünglich für die Wahl anberaumten Tags (Cic. p. Mur. 25, 51) sein. Nun stand aber nach dem klaren Wortlaut des Ciceronischen Berichts in jener Sitzung nicht die Verschwörung des Catilina auf der Tagesordnung, sondern die verdächtigen Aeusserungen, die er in einer Wahlversammlung gethan hatte und die, wie sich gezeigt hat, nichts mit der Verschwörung zu thun hatten und auch vom Senat nicht als Indicien einer solchen gedeutet wurden. Die erste Sitzung, in der über die Verschwörung verhandelt wurde und werden konnte, ist die des 21. Octobers oder eines der unmittelbar vorhergehenden Tage, in welcher durch anonyme Briefe der Bestand eines Komplotts constatirt wurde (Plut. Crass. 13. Cic. 15. Cic. Cat. 1, 3, 7, s. unten S. 788 f.). Sueton könnte also zwar diese, aber keine ihr vorangehende und keinenfalls jene Sitzung gemeint haben, in der höchstens 'gelegentlich und in Andeutungen', nicht aber 'ausdrücklich und amtlich' (vgl. Baur, Progr. S. 10 A.) von einer Verschwörung hätte die Rede sein können.

Ferner müsste, wenn der ursprüngliche Wahltermin der 23. September gewesen wäre, ebensogut Dilation angenommen werden als dies von Seiten derer geschieht, welche den 21. October für den zuerst anberaumten Wahltag halten (s. o. S. 749 A. 37; Mommsen, R. Staatsr. I, 481 A. 6). Und doch berichtet, wie seiner Zeit von Baur (Corr. v. 1868 S. 191 f.) selbst geltend gemacht wurde, kein alter Schriftsteller das Mindeste von einem längeren Aufschub, noch auch von ungewöhnlicher Verschleppung der Consularcomitien, was als eine der Bewerbung Catilinas höchst nachtheilige (s. o. S. 747) und für den Gang der Verschwörung einflussreiche Massregel nicht hätte unerwähnt bleiben können.

Endlich aber ist das Datum des kaiserlichen Geburtstags, IX Kal. Octobres, ein Datum des rectificirten Kalenders. Diese zwar von Ideler (Chronolog. II, 113) bestrittene, aber schon von Burmann zu Suet. Aug. 5 Amstelod. 1736 wahrscheinlich gemachte Annahme hat neustens A. W. Zumpt in seiner commentatio chronologica de imperatoris Augusti die natali p. 547 ff. eingehend erörtert. Wenn Zumpt ausser dem alten Argument, dass Sueton Aug. 100 und Dio [43])

---

[43] Dürfte angenommen werden, dass Dio das von Lange (s. R. A. III, 1, ix) befolgte principiell gewiss richtigere Verfahren bei der Umrechnung der vorjulianischen Daten die Zahl der Monatstage des vorjulianischen Jahrs zu Grunde zu legen beobachtet habe, so könnte auch aus seiner Angabe 56, 30: τῇ γὰρ τρίτῃ καὶ εἰκοστῇ τοῦ Σεπτεμβρίου

56, 30 die Lebenslänge des Kaisers unter dieser Voraussetzung berechnet haben, die weiteren Gründe anführt, dass August, zur Zeit der Kalenderreform durch Cäsar erst 17 Jahre alt, gewiss dem Fortschritt huldigend, seinem Geburtstag das neue Datum gegeben habe und dass ausser den von Dio 55, 6 angeführten Gründen, warum er nicht dem September seinen Namen habe geben lassen, wohl auch der für ihn massgebend gewesen sei, dass sein Geburtstag nicht von Anfang an diesem Monat zugehört habe, so wird man sich hiemit gern einverstanden erklären. Dagegen konnte Zumpts Hauptargument, das sich auf die Thatsache stützt, dass vor Ende October 691 nicht über die catilinarische Verschwörung im Senat verhandelt worden sein kann, desshalb keine Anerkennung finden (s. Baur, Prog. S. 4. 10), weil seine Beweisführung auf der Confundirung der beiden ein Vierteljahr auseinanderliegenden Senatssitzungen p. Mur. 25, 51 und Cat. I, 3, 7 beruht. Das, was bewiesen werden sollte, war richtig, der Beweis falsch. Ich hoffe durch den Nachweis, dass vor der Wahl der Consuln für 692 die Verschwörung noch nicht existirte, dem Argumente seine volle Beweiskraft wiedergegeben zu haben.

Weil nun aber nach Zumpts Annahme der 23. September 63 julianischen Kalenders frühestens dem 21. October 691 des vorjulianischen entsprochen haben kann, so konnte er daraus schliessen, dass der alte Kalender im October 691 dem Sonnenjahr um mindestens 28 Tage voraus war. Ergab sich ihm auch hieraus die Unrichtigkeit der De la Nauze-Korb'schen (Korb im Onomast. Tull. ed. Or. et Bait. I, p. 133 ff.) Ansicht,[44]) dass der alte Kalender im

---

ἐτεγέννητο geschlossen werden, dass er dies als julianisches Datum betrachtet habe; denn die Reducirung von IX Kal. Oct. nach Massgabe der vorjulianischen Länge des Septembers (?9 Tage) würde auf den 22. September geführt haben, wie denn auch Lange a a. O. III, 241 schreibt.

44) Die Unrichtigkeit der durch die Orellische Ausgabe des Cicero zu unverdienter Verbreitung gelangten Reductionstabelle Korbs hat schon Napoleons gelehrter Mitarbeiter hauptsächlich durch zwei Stellen aus der Geschichte der catilinarischen Verschwörung nachgewiesen: Am 9. November 691 (Cat. II, 10, 23) verhöhnt Cicero Catilinas jeunesse dorée mit der Frage: num suas secum mulierculas sunt in castra ducturi? quemadmodum autem illis carere poterunt, *his praesertim iam noctibus.* Der 9. November muss also in eine Zeit gefallen sein, wo die Nächte im Zunehmen sind, fällt aber nach Korb auf den 13. Januar 62, nach dem französischen Gelehrten dagegen auf den 15. October 63, und nach Zumpt auf den 19. September d. J. (Halms Bemerkung zu dieser Stelle ist bemerkenswerth schief, da ein Retardiren des Kalenders aus ihr gar nicht geschlossen werden kann). Pro Sestio 5, 12 ferner spricht Cicero von Catilinas Niederlage bei Pistoria, die nach Dio 37, 39 ἐν ἀρχῇ εὐθὺς τοῦ ἔτους ἐν ᾧ Ἰούνιός τε Σιλανὸς καὶ Λούκιος Λικίνιος ἦρξαν stattfand, und weist das Verdienst dieses Resultats seinem Clienten Sestius zu, „sans l'activité duquel on eût laissé à l'hiver le temps d'intervenir" (datus illo in bello esset hiemi locus). Nach Korb aber fällt der 1. Januar 692 auf 4. März 62, nach dem französischen Gelehrten dagegen auf 4. December 63, nach Zumpt auf 8. November dieses Jahres.

J. 691 ca. $2^1/_2$ Monate retardirt habe — denn hienach würde der 23. September 63 dem 17. Juli 691 entsprechen —, so hätte er darin auch einen Beweis gegen das System des französischen Chronologen in Napoleons César vol. II Append. A suchen können, dem zu Folge der erste Januar 691 dem 14. December 64, also der 23. September 63 dem 18. October 691 entspricht, während Zumpt gemäss seiner Annahme, dass der alte Kalender am Anfang des J. 691 um 44 Tage vorausgewesen sei, das julianische Datum des kaiserlichen Geburtstags auf den 13. November des alten Kalenders reducirt. Allein bei der nach Plutarch Cic. 15 und Dio 37, 31 zulässigen Annahme, dass jene anonymen Briefe schon drei Tage vor dem S. C. ultimum (21. Oct.) im Senat zur Verlesung gekommen seien, würde dieser Beweisgrund gegen den französischen Chronologen wegfallen; und eine Combination seiner Theorie mit der Ansicht Zumpts, dass zu Ciceros Zeit alle Schaltmonate 23 Tage gehabt, nicht wie sonst zwischen 22 und 23 alternirt haben, würde sogar, da sich dadurch die Differenz um drei Tage vergrössert, genau auf den 21. October, also auf das sichere Datum einer historisch beglaubigten Berathung des Senats über die catilinarische Verschwörung führen. Wer sich daher darauf capricirt Augusts Geburtstag auf das Datum eines historischen Catilinasenats reducirt zu sehen, hat zu bedenken, ob nicht die sonstigen von Zumpt nachgewiesenen Schwächen jener Theorie dieser freilich höchst unbedeutenden Chance zu Liebe in den Kauf genommen werden könnten. Zumpt seinerseits hält nämlich die Sitzung, in der Catilina und Manlius geächtet wurden (Sall. 36, 2), für die von Sueton gemeinte, von der Voraussetzung ausgehend, dass uns alle Senatssitzungen über Catilina überliefert seien und zwischen dem Senat der ersten Catilinaria (8. oder nach Zumpt 7. Nov.) und dem der Aechtung Catilinas keiner anzunehmen sei, während doch eine Sitzung am 9. November durch Cicero Cat. II, 12, 26 sogar historisch beglaubigt ist. Jene Berathung über die Aechtung jedoch kann wenigstens nach Sallusts Erzählung nicht schon am 13. November stattgefunden haben. Denn da Catilina Rom erst in der Nacht vom 8. auf 9. November verliess (s. u. S. 782 ff. A. 52) und um die Regierung über die Absicht und das Ziel seiner Reise wenigstens einige Zeit in Ungewissheit zu lassen, auf der via Aurelia (Cic. Cat. II, 4, 6) über Forum Aurelii (Cat. I, 9, 24) nach Arretium reiste, dort nach Sallust 36, 1 sich einige Tage bei C. Flaminius aufhielt und dann erst mit den Insignien des consularischen Imperium nach Fäsulä aufbrach, so konnte die Nachricht von diesem Aufbruch nicht schon am fünften Tage in Rom eingetroffen gewesen sein, selbst nicht, wenn statt Arretino mit einer Reihe von Handschriften Reatino zu lesen wäre und somit die Station, wo die Usurpation der Consulargewalt erfolgte, in grössere Nähe von Rom verlegt würde. Allein es liegt allerdings die Vermuthung nahe, dass die mit der Schilderhebung verbundene Selbstproclamation Catilinas — und dies war die officielle Ursache der Aechtung — schon im Forum Aurelii stattfand, wohin er nach Cicero Cat. I, 9, 24. II, 6, 13 Bewaffnete (Plutarch Cic. 16 nennt die Zahl 300) sammt allen militärischen und consularischen Insignien vorausgeschickt hatte. In diesem Fall, für dessen Wahrscheinlichkeit auch der Umstand spricht, dass Cicero (Cat. II, 7, 15) schon am 12. November Gewissheit über Catilinas Schilderhebung zu haben hoffte, steht der Annahme Zumpts nichts im Wege; nur darf sie keinen Anspruch auf Sicherheit machen, da ohne Zweifel in jener Zeit fast kein Tag vergangen ist, an dem nicht Cicero den Senat zusammenberufen hätte. Alsdann ist aber zuzugeben, dass sich Sallust hier ungenau ausgedrückt oder unrichtig erzählt hat.[45])

Nachdem sich so als das — ich glaube sagen zu dürfen — sichere Resultat einer unbefangenen Prüfung der anderweitigen Berichte aus dem Alterthum die Thatsachen ergeben haben, dass die Verschwörung Catilinas durch die Erfolglosigkeit seiner Bewerbung um das Consulat für 692 veranlasst wurde, daher ihre Planung, Stiftung und militärische Organisation der Zeit nach den Consularcomitien für 692 angehört, welch letztere, wie gewöhnlich, im Juli, einen oder einige Tage nach dem ursprünglich anberaumten Wahltermine

45) Dagegen geschieht Sallust selbst von Seiten seines warmen Vertheidigers Baur Unrecht, wenn letzterer (Corresp. v. 1870 S. 207) die Beschlüsse: uti consules dilectum habeant, Antonius cum exercitu Catilinam persequi maturet, „die Sallust mit einem unbestimmten practerea am Schluss des Kapitels 36 anfügt", einer früheren Senatssitzung zuweist. Denn abgesehen davon, dass Dio 37, 33 hier vollkommen mit Sallust übereinstimmt, beweist die angeführte Stelle Cat. II. 3, 5: his copiis, quae a nobis cotidie comparantur nichts gegen die Möglichkeit der „Einberufung neuer Milizen" (Mommsen R. G. III⁵, 175), zumal da Ende November bereits alle verfügbaren Streitkräfte aufgeboten waren (p. Mur. 39, 84: non solum minuenda non sunt auxilia, quae habemus, sed etiam nova, si fieri possit, comparanda), was auf wiederholte Aushebungen hinweist. Vollends unzweifelhaft aber ist es, dass der Beschluss: Antonius cum exercitu Catilinam persequi maturet überhaupt erst nach Catilinas Aechtung und keinenfalls früher hat erfolgen können als die von Cicero Cat. II. 7, 15 etwa in drei Tagen erwartete Nachricht eingelaufen war, dass sich Catilina an die Spitze eines bewaffneten Corps gestellt und definitiv die Richtung landeinwärts (Fäsulä zu) genommen habe. Der Irrthum Baurs beruht darauf, dass er die Rede für Murena vor dieser Sitzung gehalten glaubt, während im Gegentheil aus p. Mur. 39, 84: Di faxint, ut meus collega — — hoc Catilinae nefarium latrocinium armatus opprimat geschlossen werden muss, dass die Rede jener Sitzung nachgefolgt ist. Und da die Rede vor der Verhaftung des Lentulus und Genossen (vgl. p. Mur. c. 37. 39. 84), also vor Anfang December (Lange, R. A. III, 249 verlegt sie unrichtig zwischen den 5. und 10. December), aber nach der Mitte des Novembers (p. Flacc. 39, 98: bellum iam gerente Catilina vgl. Drumann IV, 187) gehalten ist, so gewinnt auch hiedurch die Annahme, dass jene Sitzung der Mitte des Novembers angehört, und die Vermuthung, dass die von Sallust angedeutete Zeitbestimmung derselben ungenau ist, an Wahrscheinlichkeit.

stattfanden, und dass somit Sallust ihre Veranlassung und theilweise auch ihre Ursache falsch bestimmt und ihren Beginn um mehr als ein volles Jahr zu früh angesetzt hat, so bleibt nun noch übrig die Spuren und Folgen dieses nothwendig höchst einflussreichen Irrthums in Sallusts eigener Darstellung zu verfolgen und dadurch eine sichere Grundlage für die Bestimmmung seiner Ursache zu gewinnen.

3.
Folgen und Bedingungen von Sallusts Anachronismus.

Als besonders starke Selbstbezichtigung Sallusts ist von jeher die Rede, die er Catilina vor den Consularcomitien für 691 an seine Genossen halten lässt, und sein ganzer Bericht über diese Versammlung (c. 17—22) ausgebeutet worden. Die Rede wird nicht nur für diese Zeit, sondern auch für die von Sallust c. 17 genau bezeichnete Zuhörerschaft „bis zur Abgeschmacktheit unpassend" gefunden und soll nach Wirz S. 35 ff. nur für das politische und sociale Proletariat der damaligen Zeit passen, nach Hagen S. 139. 141 f. von Sallust aus einer Quelle, die sie als Ansprache an die sullanischen Veteranen vor der Consulatswahl für 692 überliefert habe, in diese Notabelnversammlung versetzt worden sein. In der That ist der Bestand eines Missverhältnisses zwischen der Rede und den Angeredeten nicht zu läugnen, sofern die Versammlung aus römischer und auswärtiger Nobilität und Ritterschaft, also ausschliesslich Catilinariern von Rang besteht, der Inhalt der Rede und der nachfolgenden Besprechung aber für Angehörige einer nicht nur social nothleidenden, sondern auch politisch rechtlosen Bevölkerungsclasse (vgl. 20, 7: eis obnoxii, quibus, si respublica valeret, formidini essemus) berechnet zu sein scheint.

Auch ist es durchaus vergeblich und verkehrt mit Baur (Corr. v. 1870 S. 266 f.) dadurch helfen zu wollen, dass man einerseits den Kreis der Anwesenden auf alle von Sallust c. 17 Erwähnten ausdehnt, andererseits die multi ex coloniis et municipiis domi nobiles (17, 4) und die iuventus pleraque, sed maxume nobilium (17, 6) zu den „nicht tiefer eingeweihten, geringeren Mitgliedern der Verschwörung" rechnet und sie in der Rede vorzugsweise berücksichtigt glaubt. Denn offenbar behauptet Sallust selbst nur von den namentlich aufgeführten Senatoren und Rittern und von den in ihrer Heimat angesehenen Colonisten und Municipalen ausdrücklich, dass sie zugegen gewesen seien (vgl. 17, 3: eo convenere), während mit jenem „unbestimmten" praeterea die geheimeren Theilnehmer (§ 5), Anhänger (§ 6) und angeblichen Gönner (§ 7), also die zum weiteren Kreis der Verschwörung Gehörigen augenscheinlich nur à propos angeschlossen werden. Konnten doch die complures nobiles ebenso wie Crassus (17, 7), an dessen Anwesenheit er keinenfalls denkt, nur dann paullo occultius consili huiusce participes sein, wenn sie sich nicht offen am Verschwörungsbund betheiligten. Desgleichen ist nun auch die iuventus pleraque, sed maxume nobilium in diesem Zusammenhang nur, wie 37, 1 die gesammte plebs, als eine im Allgemeinen mit den Consequenzen der Verschwörung einverstandene Kategorie erwähnt, wobei freilich nicht ausgeschlossen ist, dass sich Sallust auch einige Exemplare dieser Gattung (vgl. 14, 5) anwesend denkt. Da ausserdem diese Versammlung deutlich von Sallust als eigentlicher Verbrüderungsconvent gekennzeichnet wird, wenn er c. 22 die Möglichkeit zugibt, dass damals die Verschwörungsceremonie stattgefunden habe, so muss er eben nur die zum engsten Bund der Verschwörung Gehörenden, die principes coniurationis (vgl. 27, 3, wo rursus vielleicht auf diese Versammlung zurückweist), als zugegen angenommen und daher auch die anwesenden Colonisten und Municipalen, deren Rang ja ebenfalls hervorgehoben wird und die man sich als auswärtige Agenten der Verschwörung, also als Leute von der Kategorie des Manlius (24, 2), Septimius, Julius (24, 1), Flaminius (36, 1), Volturcius (44, 3), Caeparius (46, 3) und Furius (50, 4) zu denken hat, zu den höheren und ganz eingeweihten Mitgliedern der Verschwörung gerechnet haben. Uebrigens zeigt auch der Wortlaut der Rede nirgends den von Baur gefundenen Unterschied, den Sallust zwischen den nur im Allgemeinen in den Plan der Verschwörung Eingeweihten und dem eigentlichen Generalstab mache: im Gegentheil werden alle als schon zuvor einzeln (17, 1. 20, 1; 5: singuli ist nicht = einzelne von ihnen) eingeweiht und gewonnen bezeichnet; alle gehören zu Catilinas bereits erprobten Freunden (20, 2 f.), manche von Sullas Zeiten, andere von der ersten Verschwörung her (20, 3. 21, 4). Jetzt sollen sie nur alle zusammen (univorsi oder, wie Tacitus in einer Parallelstelle sagt, in commune s. Hist. I, 36) angesprochen (20, 1) und durch gegenseitiges Schuldbewusstsein aneinandergekettet werden (20, 1. 22, 2).

Nach dieser Seite hin ist also kein Ausweg zu finden, aber folgende Erwägungen führen zu einer Erklärung, die sich wenigstens durch Einfachheit empfiehlt.

Wie wir gesehen, hat Sallust selbst c. 17 den Gesichtspunkt der Aufzählung der in der Versammlung Anwesenden aus den Augen verloren und ist von der 17, 5 beginnenden Digression erst 20, 1 wieder auf sein Thema zurückgekommen. Nun ist aber, wie schon Hagen S. 136 richtig andeutet und Wirz S. 47 im Einzelnen belegt hat, auch die Liste der ausdrücklich und namentlich als anwesend aufgeführten Senatoren und Ritter einfach ein vollständiges Verzeichniss derjenigen freigeborenen (s. Sall. 40, 1) Römer, die bei Sallust im späteren Verlauf der Verschwörung als Träger mehr oder minder bedeutender Rollen wieder auftreten. Der Gedanke, der Sallust geleitet hat, war daher offenbar nicht sowohl die genaue

Aufzählung der Theilnehmer an dieser Versammlung als die Zusammenstellung der an der Leitung des Unternehmens unmittelbar und mittelbar, notorisch und angeblich betheiligten Personen, mit besonderer Hervorhebung der eigentlichen Römer, deren Theilnahme am sichersten schon für jene Zeit angenommen werden konnte.

Mit Recht kann man sich ferner wundern, dass Catilinas Genossen trotz ihrer Vertrautheit mit seinen Plänen in Folge der vorausgegangenen Einzelbesprechungen und trotz ihrer verzweifelten Lage, die sie eine Revolution an sich als grösstes Glück begrüssen liess (21, 1), doch der Mehrzahl nach auf die Rede hin noch nähere Aufklärung über Wesen, Ziel und Chancen des zu beginnenden Kriegs und über die in Aussicht stehenden Vortheile von Catilina verlangen und dass dieser ihnen hierauf mit Neuigkeiten aufwartet wie: petere consulatum C. Antonium, quem sibi collegam fore speraret, hominem et familiarem et omnibus necessitudinibus circumventum. Offenbar hat auch hier Sallust nicht an Catilinas Publicum noch an die der Rede selbst zu Grunde liegende Voraussetzung gedacht, dass alle Anwesenden schon sicher für das Unternehmen gewonnen sind, sondern hat das Interesse der geschichtlichen Wahrscheinlichkeit dem Bedürfniss des Lesers geopfert, der nach der etwas unbestimmt gehaltenen Rede allerdings noch näheren Aufschluss über die Mittel und Ziele des Kriegs, wenn er damals zum Ausbruch gekommen wäre, erwarten durfte.

Die Rede selbst aber kann ebenfalls nur dann ernstlichen Anstoss erregen, wenn man, wie Hagen, in Verkennung der stehenden Sitte der alten Historiker den handelnden Personen die Worte zu leihen nicht nur wann sie nach dem Zeugniss der Geschichte gesprochen haben (vgl. Tac. Ann. XV, 63), sondern auch wann sie gesprochen haben könnten, die Rede für urkundlich hält. Sehen wir auch in ihr nichts anderes als ein Werk des Rhetors, der es für angemessen hielt die Verschwörung durch eine Eröffnungsrede einzuleiten, in der zugleich Motive, Wesen und Ziel der Verschwörung zum Ausdruck gelangen sollten, so haben wir nicht nöthig die Thatsächlichkeit der Rede und der nachfolgenden Besprechung dadurch möglich zu machen, dass wir sie einer andern Zeit und einer andern Zuhörerschaft als der von Sallust vorausgesetzten zuweisen. Ohnedies passt sie für ein Veteranen- oder Proletarierpublicum ebensowenig als für Adel und Ritterschaft als solche. Denn wenn auch die Rede und Debatte, wie es den Vertretern der heruntergekommenen Amts- und Geldaristokratie gegenüber ebenso angemessen war als gegenüber von Veteranen oder Proletariern, die Besprechung des socialen Nothstands in den Vordergrund stellt und darum einerseits die schreiende Ungleichheit des Besitzes grell beleuchtet (20, 11—13), andererseits Vernichtung der Schuldbücher, Proscriptionen, Raub und andere Kriegsbeute (20, 15. 21, 2) in verlockende Aussicht stellt, so ist doch der andere Theil der Rede, der die Ungleichheit der politischen Rechte schildert, weder für Veteranen noch für Proletariat überhaupt zutreffend. Denn wenn das Monopol der Regierungspartei auf die Rechte der Souveränetät (20, 7), auf gratia, honos, potentia, divitiae dem unnatürlichen (20, 7) Sclavenleben aller übrigen gegenübergestellt wird, deren einziges Loos pericula, repulsae, indicia, egestas sei, und wenn als Siegespreis ausser Freiheit und Reichthum auch Ehre und Ruhm, Aemter und Priesterwürden in Aussicht gestellt werden (20, 14. 21, 2), so wären dies für Leute, die nie hatten in die Lage kommen können eine repulsa zu erleiden und deren politischer Ehrgeiz überhaupt in dem Streben nach materieller Verbesserung ihrer Lage aufgehen musste (vgl. Sall. 33), in der Hauptsache leere Phrasen gewesen. Wir werden vielmehr zu einigem Verständniss der Rede nur dann gelangen, wenn wir darauf verzichten geschichtlich zutreffende Beziehungen der Rede zu den einzelnen Anwesenden zu verlangen und überhaupt in den Versammelten nicht das suchen wollen, was sie wirklich waren: Angehörige der bevorzugten Classen, die aus einer Revolution politischen oder finanziellen Gewinn zu ziehen hofften, sondern nur das, als was sie Sallust betrachtet hat, nämlich homines quibus maxima necessitudo et plurimum audaciae inerat (17, 2) oder quibus mala abunde omnia erant, sed neque res neque spes bona ulla (21, 1) d. h. nicht, wie Wirz S. 35 deutet, Proletarier von Geburt, sondern finanziell, politisch und moralisch bankerotte Individuen, die ihr Interesse und darum auch ihren politischen Standpunkt mit dem Proletariat theilten. Offenbar hat eben Sallust weniger die Rede dem Publicum als das Publicum der Rede angepasst, die für ihn lediglich das rhetorische Mittel war Catilina selbst als Typus eines heruntergekommenen, ebensosehr aus ökonomischer Bedrängniss (5, 7) als aus unbefriedigtem politischem Ehrgeiz (5, 5 f.) sich verschwörenden Nobilis zu characterisiren, der seine politischen Sonderinteressen auf dem Wege einer socialen Revolution und darum auch unter dem Deckmantel socialdemokratischer Principien zu erreichen suchte. Dass Catilina thatsächlich diese Rede vor Seinesgleichen hätte halten können, wird freilich niemand behaupten wollen, aber wir können es füglich dahingestellt sein lassen, wie Sallust es sich möglich gedacht hat, dass Catilina seinen Stabsofficieren gegenüber ihren und seinen ökonomischen und politischen Ruin auf den Druck des oligarchischen Regiments der Regierungspartei zurückführen, sich und sie als politische Parias und sein Unternehmen die herrschende und besitzende Classe zu stürzen und zu vertilgen als eine grosse und herrliche That (20, 3), als einen heiligen Kampf für Freiheit und Recht (20, 6 f.) darstellen konnte.

Bedeutungsvoller sind jedenfalls die chronologischen Bedenken, die der Möglichkeit und Thatsächlichkeit dieser oder einer ähnlichen Rede entgegenstehen. Wie wenig berechtigt Catilina zu jener Zeit gewesen wäre sich in die gleiche Linie mit denen zu stellen, deren

Leben eine endlose Reihe von erfolglosen Bewerbungen, Processen und Entbehrungen sei, ist von Hagen S. 139 und Wirz S. 38 hinlänglich hervorgehoben worden. Aber ferner verdient es Beachtung, dass die Rede in keiner irgendwie plausibeln Weise durch den zeitlichen und causalen Zusammenhang der Handlung motivirt ist. Es handelt sich ja nicht erst um die Gewinnung von Theilnehmern, auch nicht um Aufforderung zur Wahlagitation, deren nur beiläufig und nachträglich Erwähnung geschieht (21, 5), sondern um Anfeuerung und Begeisterung (21, 5; 20, 14) des gesammten durch Einzelbesprechungen schon gewonnenen Anhangs für den Beginn (20, 10: tantummodo incepto opus est) des herrlichen Unternehmens eines Freiheitskriegs. Man meint die Ansprache eines Generals an seine Soldaten vor Beginn einer Schlacht zu hören und darf höchlich überrascht sein am Schluss der Rede zu vernehmen, dass alles erst vom Consulat abhänge (20, 17. 21, 3). Eine solche Rede wäre in einer Versammlung des Novembers 691 denkbar, wie denn Dio 37, 32 in der That dem Catilina ihre Grundgedanken in der nächtlichen Zusammenkunft der Verschworenen bei Läca (6. auf 7. November 691) in den Mund legt (vgl. διεξελθὼν ὅϲα τε πείϲοιντο φωραθέντεϲ καὶ ὅϲων τεύξοιντο κατορθώϲαντεϲ mit Sall. 20, 14; 17). Im Juni oder Juli 690, ein halbes Jahr vor der eventuellen Inangriffnahme des Werks, wäre sie nicht nur überflüssig, sondern einfach unmöglich gewesen. Da aber nun einmal Sallust den Plan der Verschwörung von Anfang an in einer bewaffneten Insurrection bestehen lassen musste, weil Catilina auf keinem andern Weg zu seiner Alleinherrschaft hätte gelangen können, und der Inhalt der für den Rhetor unumgänglichen Eröffnungsrede durch den Charakter der Verschwörung bedingt war, so musste mit der Verlegung ihrer Anstiftung vor die Consularcomitien für 691 auch jene Rede in diese Zeit versetzt werden. Und in der That ist das eigentliche Räthsel der sallustianischen Darstellung nicht sowohl die Möglichkeit jener Rede zu jener Zeit als die Möglichkeit der ganzen Versammlung d. h. die Gleichzeitigkeit der Stiftung einer Verschwörung zu gewaltsamem politischem Umsturz mit der gesetzlichen Bewerbung um das Consulat, obwohl von deren Erfolg erst die Ausführung des Plans abgehangen habe. Warum Catilina gerade diesen Zeitpunkt für geeignet gehalten seine Verschwörung zu organisiren, bleibt vollkommen unbegreiflich. Denn abgesehen davon, dass er dadurch das Zustandekommen der Hauptbedingung seiner Unternehmung, seine Wahl zum Consul, unter allen Umständen viel mehr erschwert als gefördert hätte, erscheint bei Sallust die Verschwörung nicht einmal, oder nur ganz nebenbei (21, 5) im Dienste der Bewerbung verwendet; im Gegentheil wird die sichere Aussicht auf den Erfolg der Bewerbung (16, 5: ipsi consulatum petenti magna spes; vgl. auch 21, 3) als mitwirkendes Motiv ihrer Anstiftung bezeichnet (16, 4 f.).

Wenn wir daher nicht allein die Rede nach Form und Inhalt, und überhaupt die rhetorische Ausstattung jener Versammlung, sondern auch das Dass der Rede sowohl als der ganzen Versammlung auf die durch die Voraussetzung, Catilinas Verschwörung sei damals entstanden, nothwendig gewordene Combination Sallusts zurückführen, so dürfte diese Annahme keiner berechtigten Einwendung begegnen. Dass er dabei fasst ausschliesslich rhetorischen Gesichtspunkten gefolgt ist und sich begnügt hat einen nothdürftigen Anschluss an die Geschichte jener Zeit zu gewinnen, müssen wir dem Rhetor zu gut halten, von dessen römischen Lesern ohne Zweifel keiner an die Thatsächlichkeit dieser Versammlung geglaubt hat.

Der Zeitgeschichte nämlich konnte er schon darum keine genauere Berücksichtigung angedeihen lassen, da sie, wie sich gezeigt hat, an sich die beste Widerlegung der von Sallust erzählten Vorgänge involvirt. Aber auch soweit er sie berücksichtigt hat, ist es nicht ohne höchst bezeichnende Entstellungen abgegangen. Denn wenn Catilina als militärische Subsidien in einem 691 zu beginnenden Krieg Piso im diesseitigen Spanien, Sittius mit einem Heer in Mauretanien aufführt (21, 2), so ist dies nicht nur darum eine unglückliche Combination, weil Piso zur Zeit jener Rede schon todt (Asc. p. 94, 3; 21. Wirz S. 49). Sittius wahrscheinlich als Pisos Ersatzmann im J. 690 im jenseitigen Spanien (s. o. S. 732) und nicht (wenigstens keinenfalls mit einem Heere noch im Dienste der Verschwörung) in Mauretanien war (Cic. p. Sull. 20, 56. Hagen S. 145. Wirz S. 45 f.), sondern auch weil die Verweisung auf die Hilfe eines spanischen Statthalters, der im J. 691 wieder hätte abberufen sein können, und vollends eines Condottiere in Mauretanien die Versammlung ohne Zweifel sehr wenig beruhigt, vielmehr zu der Frage berechtigt hätte, warum denn Catilina bei seiner angeblichen politischen Macht- und Mittellosigkeit seine besten Freunde in die äussersten Weltgegenden entsende (vgl. Cic. p. Sull. 20, 57) und nicht lieber in Italien als in Mauretanien ein Söldnerheer habe anwerben lassen. In der That wäre es, wenn je Piso oder Sittius in Verbindung mit Catilinas Insurrectionsplan gestanden wäre, höchst auffallend, dass beim Ausbruch der Verschwörung auch nicht eine Spur einer gleichzeitigen Bewegung in den westlichen Provinzen sich kundgegeben hat, obwohl die Verbindung mit Spanien, wenn sie wirklich eine für den Krieg ernstlich in Aussicht genommene Chance gewesen wäre, auch nach Pisos Tod wenigstens nicht so ohne Weiteres aufgegeben worden wäre, und noch weniger Freund Sittius so spurlos aus der Geschichte der catilinarischen Verschwörung hätte verschwinden können. Denn dass Sittius sich unzuverlässig gegen Catilina bewiesen habe, indem er es vorgezogen seine Schulden in Rom durch Verkauf seiner Güter zu bezahlen und das dem König von Mauretanien geliehene Geld persönlich wieder einzutreiben, ist eine aus Cic. p. Sull. 20, 56 herausinterpretirte Aufstellung Langes

(R. A. III, 229), die jenes Verschwinden eben nur constatirt, nicht aber befriedigend erklärt. Sallust selbst kann kaum wirklich überzeugt gewesen sein, dass alle revolutionären Bewegungen jener Zeit von Catilina und seiner Verschwörung ausgegangen seien. Dies zeigt sich theils in der Art der Erwähnung, theils noch mehr im Uebergehen von Thatsachen, die, obwohl von höchster Bedeutung für Catilinas Geschichte, sich nicht ohne innern Widerspruch in seine Darstellung hätten einfügen lassen. So hat er zwar der Thatsächlichkeit der damaligen Beziehungen Catilinas zu Crassus damit Rechnung getragen, dass er ihn in Gesellschaft derjenigen aufführte (17, 7), die die allgemeine Meinung als Verschworene bezeichnete, aber er nennt bei ihm die Quelle: ein gleichzeitiges[46]), jedoch nicht allgemein anerkanntes Gerücht, und gibt diesem die Wendung, Crassus sei in Catilinas Umsturzpläne eingeweiht gewesen und habe dessen Verschwörung als einen Schutz gegen die bedrohliche Militärmacht des Pompejus und für den Fall ihres Gelingens als die Brücke zu seiner eigenen Alleinherrschaft betrachtet, hat dabei freilich übersehen, dass der wahre Sachverhalt — die directe Theilnahme Catilinas an den Umsturzplänen des Crassus — auch in dieser Form noch zu erkennen ist, sofern es ebenso albern von Crassus gewesen wäre zu glauben, Catilina werde als siegreiches Haupt einer starken Partei sich nur so von ihm auf die Seite drängen lassen als von Catilina, die Unterstützung des Crassus und anderer herrschsüchtiger und einflussreicher Männer in Anspruch zu nehmen und daneben sich noch der Hoffnung auf das eigene Dominat hinzugeben. Von den Beziehungen dagegen, die zwischen Cäsar und Catilina aus Anlass seiner damaligen Bewerbung und des darauffolgenden Mordprocesses bestanden, lässt Sallust kein Wort verlauten, obwohl sie, wie jedermann zugestehen wird, nicht minder notorisch waren als die des Crassus.

[46]) Was Cicero und Asconius über jene Zeit berichten, macht es zweifellos, dass Sallust hier mit Bedacht durch die Worte: fuere ea tempestate qui crederent (17, 7) das Gerücht als ein schon im J. 690 cursirendes hat bezeichnen wollen. Nicht das Gleiche lässt sich dagegen von dem fuere ea tempestate qui dicerent behaupten, durch das Sallust 22, 1 die Mittheilung des Gerüchts von der Menschenabschlachtung einleitet. Denn da er die Vermuthung zulässt, dass sowohl dieses als andere Gerüchte ihre Entstehung dem Bestreben verdanken haben den später entstandenen Hass gegen Cicero zu mildern, also erst später aufgekommen seien, so werden wir, wenn wir anders ungezwungen erklären wollen, in ficta et haec et multa praeterea etc. nicht mit Dietsch, Ausg. d. Sall. v. 1864 S. 94 ein Beispiel der griechischen paratactischen Redeweise zu sehen, sondern diesen offenbaren Widerspruch einem gedankenlosen Gebrauch seiner Lieblingswendung fuere ea tempestate qui (vgl. ausser 17, 7: 48, 7. 14, 7. s. Wirz S. 44) zuzuschreiben haben, im Uebrigen aber auch hierin einen Beweis dafür erkennen dürfen, dass Sallusts Bericht über jene Versammlung aus seiner eigenen Combination geflossen ist und dass vor allem ihre zeitliche Fixirung auf ihn selbst zurückgeht.

Unerwähnt bleiben daher natürlich auch die interessanten, aber eng mit Cäsars und Crassus' Namen verknüpften Vorgänge vor den Wahlcomitien für 691: die Coalition des Catilina und Antonius mit der demokratischen Umsturzpartei, ihre masslosen Wahlumtriebe, die Gegenmassregeln der Senatspartei, ihre Vereitlung durch die wieder (wie bei der ersten Verschwörung) in Scene gesetzte tribunicische Intercession und die dadurch veranlassten gegenseitigen Invectiven der Candidaten im Senat (Asc. p. 95, 8) finden bei Sallust mit keinem Wort weder unmittelbare noch mittelbare Berücksichtigung, es wäre denn, dass Cicero schon bei diesem Anlass von Catilina inquilinus (Sall. 31, 7) genannt worden wäre, wie man aus einer Vergleichung der Angabe Ascons p. 95, 8: huic orationi Ciceronis (in toga candida) et Catilina et Antonius contumeliose responderunt, quod solum poterant invecti in novitatem eius mit Appian schliessen könnte, der bell. civ. II, 2, nachdem er die repulsa des Catilina im J. 690 erzählt hat, fortfährt: καὶ Κικέρων μὲν ἦρχεν ἀντ' αὐτοῦ — —. Καταλίνας δ' αὐτὸν ἐς ὕβριν τῶν ἑλομένων ἐπέσκωπτεν ἐς μὲν ἀγνωσίαν γένους καινὸν ὀνομάζων (καλοῦσι δ' οὕτω τοὺς ἀφ' ἑαυτῶν ἀλλ' οὐ τῶν προγόνων γνωρίμους) ἐς δὲ ξενίαν τῆς πόλεως ἰγκουϊλῖνον, ᾧ ῥήματι καλοῦσι τοὺς ἐνοικοῦντας ἐν ἀλλοτρίαις οἰκίαις und dann die Anstiftung der Verschwörung anschliesst. Zwar scheint hiernach Appian diese Aeusserungen Catilinas ins J. 691 verlegen zu wollen, aber der Anschluss an die Erzählung des Wahlresultats von 690, sodann die Angabe, dass Catilina neben dem inquilinatus auch die novitas dem Cicero vorgerückt habe und zwar in einer Spottrede auf ihn und seine Wähler, dürfte die Vermuthung rechtfertigen, dass er die Notiz nicht aus Ascon und Sallust zusammengelesen, sondern aus einer unter Catilinas Namen verbreitet gewesenen, von Ascon (p. 95, 10: feruntur quoque orationes nomine illorum editae non ab ipsis scriptae, sed ab Ciceronis obtrectatoribus: quas nescio an satius sit ignorare) für apokryph gehaltenen Erwiderungsrede auf Ciceros oratio in toga candida entnommen hat. Wenn nach Wirzens (S. 28) ansprechender Vermuthung Cicero die letztere Rede noch vor jener Wahl zur Einwirkung auf die Wähler herausgegeben hat, so ist es leicht möglich, dass Antonius und Catilina mit ihren Reden ein Gleiches thaten. Mögen nun die unter ihrem Namen laufenden die ächten gewesen sein oder nicht — Quintilian IX, 3, 94 erwähnt die des Antonius, ohne etwas von Unächtheit zu sagen und Ascon ist etwas zu eingenommen für Cicero, um hier unbedingte Autorität zu sein —, so dürfte doch thatsächlich der inquilinus neben dem homo novus in Catilinas Rede nicht gefehlt haben (vgl. Cic. p. Sull. 7, 22 ff.).

Die einzigen Residuen der Thatsachen, die den Ausfall jener Wahl beeinflusst haben, sind bei Sallust die Coition des Catilina und Antonius (21, 3) und die Umstimmung der Nobilität zu Gunsten der

Bewerbung des Emporkömmlings Cicero (23, 5 f.). Aber während thatsächlich Cicero von der Nobilität nur in Ermanglung eines Besseren der gefährlichen Coition der beiden Creaturen des Cäsar und und Crassus, nicht der Person des Catilina entgegengestellt wurde, also die Entscheidung der Nobilität für Cicero und gegen Antonius und Catilina lediglich politische Parteifrage war, zwischen Antonius und Catilina aber Familienconnexionen den Ausschlag gaben (s. oben S. 735), war nach Sallusts Darstellung Catilinas Verschwörung von unmittelbarem Einfluss auf das Wahlresultat: der Wahlkampf erscheint auf Ciceros und Catilinas Person beschränkt und seine Entscheidung daher als der bedeutungsvolle Sieg des von der Nobilität ausersehenen Unterdrückers und Rächers über das bereits anerkannte Haupt einer organisirten Verschwörung. Die zu diesem Behuf nothwendige Voraussetzung, dass der Bestand des Komplotts in hinlänglich bestimmten Einzelheiten (Sall. 23, 4 vgl. Wirz S. 51) noch vor jenen Consularcomitien bekannt geworden sei, hat Sallust mit freier Benützung der Thatsache [17]), dass Fulvia später Ciceros Zuträgerin war oder dafür galt (Sall. 28, 2. Plut. Cic. 16), psychologisch sehr hübsch, aber thatsächlich recht unwahrscheinlich motivirt. Denn Catilina hätte mit Blindheit geschlagen sein müssen, wenn er nach einem Vorgang, wie ihn Sallust darstellt (23, 4: at Fulvia — tale periculum reipublicae haud occultum habuit, sed sublato auctore de Catilinae coniuratione quae *quoque modo* audierat *compluribus* narravit) und seiner durchschlagenden Wirkung nicht ebensogut als Cicero (Sall. 26, 3) in dem „gewohnheitsmässigen" (23, 1 f.) Schwätzer Q. Curius den Verräther entdeckt hätte. Die Nobilität aber hätte, was wahrscheinlicher ist, ihr Verhalten bei der Wahl wenigstens nicht als geschlossene Körperschaft von einem aus so unlauterer Quelle fliessenden Gerücht abhängig gemacht, oder wenn sie der Buhlerin und ihren Vertrauten wirklich geglaubt haben würde, hätte sie es bei dem Beschlusse ihre Stimmen Catilina zu entziehen und auf Cicero zu vereinigen unmöglich bewenden lassen können, ohne sich gänzlich bankerott zu erklären. Und wann hatte denn Cicero durch seinen Charakter und seine politische Haltung sich als der Mann erwiesen, der für die Regierungspartei über Nacht aus dem nicht bloss wegen seiner Novität missliebigen Candidaten der Mann eines so unbedingten Vertrauens hätte werden können, dass man hätte glauben dürfen mit seiner Designation gegen die Gefahr eines

---

[47] Dasselbe Motiv kehrt in der Geschichte der Verschwörung bei dem Plan wieder, der am 19. December 691 hätte zur Ausführung kommen sollen. Auch damals soll, wie Halm Einl. z. d. Catil. § 22 in den Fragmenten des Diodorus (fragm. hist. Graec. ed. Car. Muellerus vol. II p. XXVI) gefunden hat, der Plan von einem der Verschworenen bei seiner Geliebten ausgeschwatzt worden sein, die dann sofort Ciceros Frau davon in Kenntniss gesetzt habe.

gewaltsamen Umsturzes der staatlichen und gesellschaftlichen Ordnung genug gethan zu haben?

Aber nicht weniger unbegreiflich als das Verhalten der Nobilität ist für Sallust der Entwicklungsgang der Verschwörung und die Handlungsweise Catilinas geworden. Die einjährige Pause, die sich für ihn aus den Thatsachen der repulsa und der erneuten Bewerbung Catilinas um das Consulat für 692 ergab, hat er sichtliche Mühe befriedigend auszufüllen. Auf der einen Seite musste die Bewerbung umfassendere Kriegsrüstungen ausgeschlossen und auf der andern konnte doch Catilina den Kriegsplan nicht aus den Augen verloren haben. So behilft sich der Geschichtschreiber mit rhetorischen Füllstücken wie (24, 2): neque tamen Catilinae furor minuebatur, sed in dies plura agitare, arma per Italiam locis opportunis parare und gibt den ohne Zweifel geschichtlichen Thatsachen einer an Manlius nach Fäsulä abgegangenen Geldsendung (pecuniam sua aut amicorum fide sumptam mutuam Faesulas ad Manlium quendam portare) und der Sammlung eines grossen Anhangs aus allen Bevölkerungsclassen und beiden Geschlechtern (ea tempestate plurumos cuiusque generis homines ascivisse sibi dicitur; mulieres etiam aliquot etc.) die Wendung und unmittelbare Beziehung auf den bevorstehenden Krieg, indem er aus der Geldsendung, deren Zweck die Werbung der Colonisten zur Theilnahme an der Wahl war (Cic. p. Mur. 24, 49. Plut. Cic. 14), die Verlegung der Kriegskasse und damit des Hauptquartiers nach Fäsulä macht und bei der Sammlung der verschiedenartigsten Elemente — einer Thatsache, die ihre vollkommene Bestätigung und Erklärung in den damaligen Bemühungen Catilinas findet durch die Bildung einer socialistischen Partei die Chancen seiner Bewerbung zu verbessern — nur die Verwendbarkeit der Gewonnenen zu Kriegszwecken massgebend sein lässt, wie denn sogar den Weibern ihre Bestimmung als Megären und — sit venia verbo — Petroleusen zugewiesen wird (per eas se Catilina credebat posse servilia urbana sollicitare, urbem incendere, viros earum vel adiungere sibi vel interficere).

Und nun nachdem in Italien umher Waffendépôts errichtet, die Geldmittel zum Krieg aufgebracht, ein Agitationsheerd und Hauptquartier bestimmt und eine Menge von Theilnehmern gewonnen waren, die alle in den Plan einer bewaffneten Erhebung hätten eingeweiht sein müssen, da bei der Art und Weise dieser Rüstungen und nach den Vorgängen vor der Wahl der Consuln für 691 eine Verhüllung dieses Ziels auch dem Gros der Verschwörung gegenüber nicht mehr möglich gewesen wäre, kurz nachdem alle Vorbedingungen des Kriegs vorhanden waren, nun soll sich Catilina noch mit der Absicht einer ordnungsmässigen Bewerbung um das Consulat getragen haben! An der Spitze einer organisirten, über Italien, ja über entlegene Provinzen verzweigten Verschwörung und als Verschwörer bereits thatsächlich von der Regierungspartei anerkannt, soll Catilina die Ausführung seines Kriegsplans um ein volles Jahr vertagt, dadurch die im J. 690 so günstige Constellation der Verhältnisse (16, 4 f.) und seine Haupthilfsquellen, die Bundesgenossenschaft des Piso und Sittius, aufs Spiel gesetzt, das Dazwischenkommen der Rückkehr des Pompejus (ἤδη λεγόμενον ὑποστρέφειν μετὰ τῆς δυνάμεως Plut. Cic. 14) riskirt, einem der vielen Eingeweihten in Rom und in Italien umher (24, 2 f.) und wäre es auch nur wieder eine Dirne gewesen, Gelegenheit zu Denunciationen und der Regierung vollauf Zeit zum Erwachen aus ihrer namenlosen Lethargie (16, 5) gegeben, kurz das Gelingen des Unternehmens in unglaublichster Weise erschwert haben und all das nur wegen der nach dem Vorgang des J. 690 unbegreiflichen Hoffnung auf günstigen Erfolg einer erneuten Bewerbung und obwohl er in der Lage gewesen wäre sich mit Gewalt zum Consul zu machen und fest entschlossen gewesen sein soll als Consul oder schon als designatus den Weg der Gewalt zu betreten! Dies kann sich Sallust selbst nicht zusammen reimen und schreibt darum, in naiver Anerkennung des räthselhaften Widerspruchs der Handlungsweise Catilinas 26, 1: his rebus comparatis Catilina *nihilominus* in proxumum annum consulatum petebat = 'nachdem Catilina diese Vorbereitungen getroffen, erneuerte er dennoch seine Bewerbung'. Und warum denn? sperans, si designatus foret, facile se ex voluntate Antonio usurum. Also nicht einmal um das Consulat, sondern nur um die Designation und um die an diese höchst seltsame Bedingung geknüpfte Mitwirkung des Antonius war es ihm zu thun? Hätte denn aber nicht, nachdem Cicero durch das bekannte nicht eben reinliche Abkommen in Bezug auf die Provinz Macedonien (Cic. in Pis. 2, 5. ad fam. V, 5. ad Att. I, 12, 1 f. 13, G. Drumann V, 428 f.) seinem Amtsgenossen definitiv die Hände gebunden hatte, was ohne Zweifel noch vor ihrem Amtsantritt, also noch im Lauf des Jahrs 690 geschehen war (s. Mommsen, Röm. Staatsr. I, 487. II, 198), das Festhalten Catilinas an der Bewerbung Sinn und Grund verloren, wenn jene Hoffnung ihr Hauptmotiv gewesen wäre?

Diese gebrechliche Begründung der Wiederaufnahme seiner Bewerbung ist eine Insolvenzerklärung Sallusts, wie sie deutlicher nicht gewünscht werden kann. Die bedeutungsvolle Thatsache der zweiten Bewerbung Catilinas ist ihm unverständlich geblieben und musste es ihm bleiben, da sie mit seiner Anordnung der Ereignisse innerlich unvereinbar ist [48]). Denn auch die Annahme, dass Catilina,

---

48) Auch die Gelehrten, die ihm folgen, sind nicht im Stande die Erneuerung der Bewerbung Catilinas befriedigend zu erklären. Drumann (V, 426) gibt dies offen zu, wenn er sagt: 'Catilina hatte sein Unternehmen von einer Bedingung abhängig gemacht, welche dem Zufall glich, vom Consulat' (vgl. auch S. 425). Teuffel (Studien u. Char. S. 300) macht die unbedeutende Minorität der im J. 690 auf Catilina gefallenen Stimmen als Grund eines wiederholten friedlichen Versuchs

wie im Jahr vorher, nicht die blosse Designation, sondern das Consulat selbst als unerlässliche Operationsbasis betrachtet habe, hält der Ueberlegung nicht Stich, dass durch die Anticipation der Kriegsrüstungen die Bedeutung des Consulats für Catilina sozusagen aufgehoben und für eine fast werthlose Chance, die sich dazu für einen Verschwörer als auf legitimem Weg unerreichbar gezeigt haben müsste, nicht grössere und sicherere Vortheile in die Schanze geschlagen worden wären. Sallust selbst aber ist weit davon entfernt die Designation oder das Consulat für die von Catilina bis zu den Consularcomitien für 692 festgehaltene condicio sine qua non des Bürgerkriegs zu halten, sonst hätte er wenigstens consequenterweise 26, 5 sagen müssen: nachdem Bewerbung und Attentat wiederum misslungen, beschloss Catilina dennoch (auch ohne designirt zu sein) den Krieg zu beginnen. So aber will es scheinen, als wäre die sich aufdrängende Wahrheit der Thatsache, dass erst jene repulsa den Entschluss zur Verschwörung herbeigeführt hat, auch in Sallusts Worten: postquam Catilinae neque petitio neque insidiae — — prospere cessere, constituit bellum facere et extrema omnia experiri, quoniam quae occulte temptaverat aspera foedaque evenerant zum Durchbruch gekommen. Denn was sind das für geheime Versuche, die so schmachvoll und nur zu seinem Nachtheil ausgefallen waren? Die angeblichen Mordanschläge auf Cicero (26, 2; 5) können doch nicht allein damit gemeint sein, da dessen Wegräumung ein höchst untergeordneter Zweck der Verschwörung war. Die Versuche zum Consulat zu gelangen waren nicht geheim gewesen und nicht einmal mit geheimen Mitteln betrieben worden, da auch bei Sallust die Verschwörung nicht im Geringsten zur Sicherung des Erfolgs der Bewerbung angestiftet erscheint (s. o. S. 767). Die Verschwörung selbst endlich kann vollends nicht ein schmählich gescheiterter Anschlag genannt werden, weil sie bei Sallust und in Wahrheit nichts anderes ist als die grundlegende und directe Einleitung der damals erst auszuführenden Staatsumwälzung. Aber nehmen wir in weniger genauer Abwägung der Worte des Textes an, Sallust habe damit die geheimen Absichten, die Catilina durch seine Bewerbung zu erreichen gesucht habe, bezeichnen wollen, so will er, wenn er ihr Scheitern als Grund des Entschlusses zum Bürgerkrieg anführt, offenbar sagen, dass es nicht zum Krieg, nicht zu den äussersten Massregeln gekommen wäre, wenn die Bewerbung Erfolg gehabt hätte. Also war der Weg der offenen Empörung nur der letzte Ausweg, der erst eingeschlagen

geltend. Allein thatsächlich erlaubte dieses Wahlresultat, da es jedenfalls in hohem Grad von Cäsars und Crassus' Betheiligung am Wahlkampf beeinflusst war, überhaupt kein Prognostikon für eine mit andern Subsidien versuchte neue Bewerbung. Lange (R. A. III, 1, 228) endlich kann sich kaum selbst mit der Erklärung genügt haben: 'Catilina bewarb sich von Neuem um das Consulat für 692, schon weil er dadurch einen Vorwand zu fortdauerndem Verkehr mit Leuten aller Art hatte'.

werden musste, nachdem der minder gewaltsame Modus der Ausführung der Verschwörungspläne, der Weg durch das Consulat, abgeschnitten war? Allein wie kann Sallust zwei derartige progressive Entwicklungsstadien der Verschwörung unterscheiden, wo doch nach seiner Darstellung Catilina seit Sullas Zeiten zum politischen Umsturz entschlossen, seit dem Juli 690 durch Stiftung eines Geheimbunds zum Bürgerkrieg verpflichtet, von Anfang an also der Weg der äussersten Gewalt, der Krieg mit all seinen Consequenzen (proscriptio locupletium, rapinae, alia omnia, quae bellum atque lubido victorum fert 21, 2) als einzig möglicher Weg in Aussicht genommen gewesen sein soll, so dass das Consulat eben auch nur eines der Mittel zur Kriegführung gewesen wäre und das Scheitern der Bewerbung Catilinas nur auf den zeitlichen Verlauf des Unternehmens, nicht aber auf seine Ziele und auf den Modus seiner Ausführung in dieser Weise steigernd eingewirkt haben könnte? Wollten wir aber die Einheitlichkeit der Darstellung Sallusts durch die Annahme aufrecht zu halten suchen, er habe wirklich der repulsa nur eine zeitliche Einwirkung einräumen wollen, und erklären wir demnach gegen den Wortlaut: in Folge des Misslingens seiner geheimen Anschläge beschloss Catilina den Krieg sogleich und nicht erst als Consul zu beginnen, so gerathen wir in Conflict mit seiner Voraussetzung, dass Catilina schon vorher der Designationszeit die Eröffnung des Kriegs vorbehalten gehabt habe, und können ausserdem Angesichts des Umstands, dass alle Bedingungen des Kriegs: Bundesgenossen (21, 3), Waffen, Geld (24, 2) und Mannschaft (24, 3; 27, 4: multitudo ad capiunda arma parata) schon vor der Wahl vorhanden gewesen sein sollen, den Entschluss nunmehr sogleich zum offenen Aufstand überzugehen nicht mit der Thatsache vereinigen, dass die erste Aeusserung eines Umsturzversuchs erst drei Monate, die Eröffnung des Bürgerkriegs selbst aber erst vier Monate später erfolgt ist (Dio 37, 33: πρὸς τὰς Φαισούλας ἐλθὼν τὸν πόλεμον ἄντικρυς ἀνείλετο Plut. Cic. 16 fin.).

Der Versuch eine Thatsache, die an sich der sallustianischen Chronologie der Verschwörung widerspricht, mit derselben in Einklang zu setzen musste nothwendig misslingen[49]). Besonders deut-

---

[49] Die Erklärer, soweit sie nicht die Wahl zwischen die Ereignisse des Ausbruchs der Verschwörung hinein verlegen, finden die Bedeutung dieser repulsa Catilinas in dem Uebergang der bisherigen mit Rücksicht auf die Bewerbung vorsichtigeren und darum weniger umfassenden Wirksamkeit für die Insurrection zur 'directen Vorbereitung des offenen Aufstands' (Lange, R. A. III, 241. Halm, Einl. z. d. Cat. § 15; Baur, Corr. v. 1868 S. 196 f. Programm S. 11), was nahe an die sallustianisch-dionische (s. o. S. 756 A. 42) Unterscheidung der 'geheimen' Thätigkeit Catilinas vor und der 'nicht mehr geheimen' nach der Wahl hinanstreift, (als ob eine offene Vorbereitung der Insurrection mit dem Begriff Verschwörung überhaupt vereinbar wäre). Dem Bedenken aber, dass zu einem Handstreich, wie ein solcher auf Ende October geplant war, nach Sallust (vgl. Halm § 12) die Bedingungen insgesammt schon vor der

lich hat das wieder Sallust selbst gezeigt, indem er, wohl ohne sich der Inconsequenz seiner eigenen Erzählung bewusst zu werden, eine Andeutung des wirklichen Sachverhalts gegeben hat, nach welchem jene Bewerbung in der That die hochwichtige Peripetie war, die erst die Alternative der beiden Wege, des minder extremen unblutigen socialer Reformversuche durch ein demagogisches Consulat und des extremen blutigen der socialen Revolution zu Gunsten des letzteren entschieden hat.

Ueberaus bezeichnend ist es endlich, dass Sallust die bedeutungsvollen Begebenheiten, die der Wahl der Consuln für 692 unmittelbar vorausgegangen sind, wieder mit Stillschweigen übergeht. Auf einfachere Weise hätte er den starken Widerspruch, in dem sie sich mit seiner eigenen Erzählung befinden, nicht umgehen, noch die Erwähnung des Umstands, dass das Wahlresultat durch das Kundwerden gefahrdrohender Gerüchte über Catilina beeinflusst wurde, d. h. die Wiederholung eines von ihm im Jahr zuvor gebrauchten Motivs vermeiden können. So verzichtet er denn auf jede Begründung der zweiten repulsa Catilinas. Dass er jedoch nicht ganz unbekannt mit den Ereignissen jener Zeit ist, beweist er durch die Erwähnung der significanten Aeusserung, die Catilina vor der Wahl dem Cato gegenüber that, als dieser ihm mit einer Anklage drohte: si quod esset in suas fortunas incendium excitatum, id se non aqua, sed ruina restincturum (Cic. p. Mur. 25, 51). Diese Aeusserung,

---

Wahl vorhanden waren, begegnen sie mit der Annahme eines nur drei- bis vierwöchentlichen Zeitraums zwischen der Wahl und dem Ende des Octobers. Baur (a. a. O.) ist überdies der Ansicht, die Vorbereitungen zum offenen Aufstand vor der Wahl seien nur 'für alle Fälle' und darum ohne die nöthige Gründlichkeit und Vollständigkeit getroffen worden, erst nach der Wahl sei es 'Ernst geworden, da jetzt erst der Aufruhr als letzter Ausweg fest ins Auge zu fassen gewesen sei', emancipirt sich also in bemerkenswerther Weise von Sallusts Autorität, der ausser an der besprochenen Stelle, die gegenüber seiner Gesammtdarstellung nicht in Betracht kommen kann, nirgends die Ueberzeugung verräth, dass Catilina nicht von Anfang an ernstlich und fest den Aufruhr als einzigen Weg der Realisirung seiner Pläne ins Auge gefasst habe. Warum aber nun auf halbem Wege stehen bleiben? Ist denn diese subtile Unterscheidung zweier Stadien der Verschwörung, eines solchen, in dem Catilina das Consulat als Hebel zu benützen gedachte und den Bürgerkrieg nur eventuell vorbereitete und desjenigen, in welchem der Krieg der einzige Ausweg war, etwas anderes als ein, man möchte sagen, verzweifelter Versuch Sallusts Schilderung des Verlaufs der Verschwörung zu retten? Denn wozu bedurfte jenes erste Stadium überhaupt einer Verschwörung, die doch die Erreichung des Hauptzwecks aufs höchste gefährdete? wozu der eventuellen Vorbereitung des Kriegs, 'so lange noch die gegründete Hoffnung auf das Consulat in erster Linie stand'? Ist es denn nicht einleuchtend, dass die Verschwörung selbst nur der Nothbehelf des Privatmanns an Stelle der Mittel der consularischen Amtsgewalt und nie etwas anderes als die directe Vorbereitung des Versuchs gewesen ist auf dem Weg der Gewalt das zu erreichen, wozu ihm der verfassungsmässige Weg abgeschnitten worden war?

die allzu bekannt und bezeichnend war (s. Florus IV, 1; Val. Max. IX, 11, 3), als dass sie ein Leser der Geschichte Catilinas hätte vermissen mögen, findet eine effectvolle Verwendung in der am 8. November gehaltenen Senatssitzung als Antwort Catilinas auf Ciceros erste catilinarische Rede und zwar in einer der Zeitlage entsprechenden Modificirung (Sall. 31, 9): *quoniam quidem circumventus, inquit, ab inimicis praeceps agor, incendium meum ruina restinguam*. So gern nun auch zugegeben werden mag, dass Catilina den Ausdruck inquilinus, wenn er ihn wirklich schon in seiner Replik auf Ciceros Candidatenrede gebraucht hatte, auch bei dieser Gelegenheit gebraucht haben kann (31, 7), — wiewohl Cicero selbst Orat. 37, 129 versichert, Catilina sei auf seine Invective hin gänzlich verstummt, — so sicher ist die Möglichkeit einer Wiederholung jener Aeusserung, wenn nicht durch die Unwahrscheinlichkeit eines so unzeitgemässen Pronunciamentos überhaupt (vgl. 34, 2), und durch Ciceros Schweigen in der zweiten catilinarischen Rede, so doch durch die Gefahr der Lächerlichkeit ausgeschlossen. Baur (Corr. v. 1870 S. 203 u. A.) findet zwar die Möglichkeit einer mehrmaligen Wiederholung dieser Worte in der Natur der Sache und in Catilinas heftigem Charakter begründet, entschuldigt aber, wenn dem doch nicht so wäre, Sallust mit dem für Catilina so bezeichnenden Charakter der Worte und mit der Bedeutungslosigkeit ihres Anlasses. Allein eben weil die Worte höchst significant sind, man könnte sagen, das Zeug zu einem geflügelten Wort zu werden gehabt haben, so können sie von ihrem Urheber nur einmal im Senat ausgesprochen worden sein. Sodann aber liegt, wie sich gezeigt hat, ihre geschichtliche Bedeutung durchaus nicht nur in der Charakterisirung der Person, die sie gesprochen, sondern ebensosehr in den Zeitverhältnissen, unter denen sie gesprochen worden sind, und da sie somit völlig den Charakter eines historischen Factums haben, das erst im Zusammenhang mit den Umständen, die es hervorgerufen und begleitet haben, zu seiner wahren Geltung gelangen kann, so ist, wie Kratz (Jahrb. f. class. Phil. v. 1865 S. 843) mit vollem Recht gegen Dietsch hervorhebt, die chronologische Versetzung dieser Aeusserung vom Standpunkt des Geschichtschreibers aus ein ebenso starker Verstoss als die der Versammlung bei Läca, mag sie nun auf Irrthum, Nachlässigkeit oder Willkürlichkeit beruhen.

Hätte Sallust die kurze Vertagung der Wahl der Consuln für 692 nicht übergangen, so hätten, meint Ihne a. a. O. S. 108, „Drumann und seine Nachfolger nicht in den grossen Irrthum verfallen können die Consularcomitien von 691 in den October und nach Erlassung des S. C. ultimum anzusetzen". Plutarch Cic. 14 erwähnt den kurzen Aufschub, kennzeichnet auch deutlich mit οὐ πολλῷ ὕστερον c. 15 eine die Wahl vom 21. October trennende Zwischenzeit und hat den Irrthum doch nicht verhindert. Ich möchte den Grund, warum gerade Sallusts Bericht, obwohl auch er deutlich auf eine längere Zwischenzeit hinweist, bei den Gelehrten verdientermassen keinen Glauben fand, darin sehen, dass er in diese Zwischenzeit Ereignisse verlegt hat, die unzweifelhaft der Erlassung des S. C. ultimum nachgefolgt sind: **die Verschworenenversammlung im Hause des Senators M. Porcius Laeca und das darauf folgende Attentat auf Cicero (27, 3 — 28, 3)**. Dadurch hatte er sich aufs dringendste verdächtigt über die Zeitfolge der in jene Periode fallenden Begebenheiten nicht genügend unterrichtet gewesen zu sein. Und da das Herkommen einer ständigen Wahlperiode ihm hinlänglichen Aufschluss über die Zeit jener Wahl geben konnte, so kann die erwiesene Thatsache, dass er sie richtig gestellt hat und Drumann und seine Nachfolger im Unrecht sind, als ein besonderer Beweis seiner „Glaubwürdigkeit" (Baur, Progr. S. 4) nicht geltend gemacht werden.

Der Thatbestand des chronologischen Verstosses ist von jeher anerkannt. Auch nach Sallust fällt die Erlassung des S. C. ultimum (c. 29) auf das Ende des Octobers (vgl. 30, 1). Die nächtliche Versammlung bei Läca aber fand nach der, wie es scheinen könnte, mit absichtlicher Genauigkeit gegebenen Zeitbestimmung Ciceros p. Sull. 18, 52: nocte ea, quae consecuta est posterum diem Nonarum Novembrium [50]) d. h. in der Nacht vom 6. auf den 7. November, das Attentat nach dem übereinstimmenden, unzweideutigen Zeugnisse Ciceros (Cat. I, 4, 9: illa ipsa nocte paullo ante lucem) und Sallusts

---

[50]) Der Vorschlag von Lange R. A. III, 242 f. in dieser Bezeichnung der fraglichen Nacht einen Irrthum Ciceros vorauszusetzen, herbeigeführt durch eine wegen Verspätung nothwendig gewordene Vertagung des Attentats, ist von Halm Einl. z. d. Cat." A. 55 treffend zurückgewiesen worden. Cicero kann sich gerade hier unmöglich geirrt haben, 'wo er eine so genaue, auch in der Form abweichende (vgl. übrigens Tac. hist. I, 26 und zum Genetiv: Cic. ad Att. III, 7, 1. Nipperdey zu Tac. Ann. I, 62. 6. Aufl.) Datirung (postero die Nonarum statt VIII a. Id.) gibt'. An Mommsens (Hermes I, 435 f.) Hypothese aber, dass das Attentat um einen Tag verschoben worden sei, weil es bei den Berathungen zu spät geworden sei, hätte Lange nicht festhalten sollen, da sie dem klaren Wortlaut Ciceros und Sallusts direct widerspricht und nur unter der Annahme denkbar wäre, dass Cicero Cat. I, 4, 10 absichtlich den Schein habe erwecken wollen, als sei das Attentat der Conferenz bei Läca unmittelbar auf dem Fuss gefolgt. Dies nimmt denn auch Mommsen an, übersieht aber dabei, dass Cicero vor Männern spricht, von denen viele aus seinem eigenen Munde über das wahre Zeitverhältniss der Conferenz und des Attentats genau unterrichtet waren (Cat. I, 4, 10 vgl. I, 1, 1). Viel eher hätte sich der Versuch durch Verheimlichung der vierundzwanzigstündigen Zwischenzeit seine 'stille Allmacht und Allwissenheit' ins Licht zu stellen in der zweiten Catilinaria dem Volk gegenüber empfohlen; aber hier thut er nun das gerade Gegentheil, indem er den Mordversuch dem zweiten Tag nach der Versammlung bei Läca zuweisen zu wollen scheint (Cat. II, 6, 12 f.).

(28, 1: ea nocte paullo post; vgl. auch Plut. Cic. 16) kurz nach der Entlassung der Versammlung (Cic. Cat. I, 4, 10: vixdum etiam coetu vestro dimisso comperi, domum meam maioribus praesidiis munivi atque firmavi, exclusi eos etc.) in der Frühe des 7. Novembers statt. Es handelt sich also nur noch um die Beurtheilung der chronologisch falschen Stellung, die Sallust diesen beiden Ereignissen zugewiesen hat. Denn Linkers vielbesprochener Versuch die Schuld von Sallust ab und einer Blattverschiebung oder dem Versehen eines Abschreibers zuzuwälzen, durch welches Sall. 27, 3 — 28, 3 von seiner richtigen Stelle zwischen 31, 4 und 5 verrückt worden sei, ist als vollkommen beseitigt anzuerkennen, besonders seit von Baur nachgewiesen worden ist, dass die zeitliche Stellung, die Sallust, Plutarch und Dio den Consularcomitien für 692 zuweisen, die richtige ist. Denn nun ist die auf die Uebereinstimmung in einem vermeintlichen groben Irrthum sich stützende Annahme, dass diese jenem hier nacherzählt haben, vollends hinfällig geworden, während zuvor jenem pädagogischen Schlusse einige Berechtigung nicht abzusprechen war. Da also vielmehr Sallust selbst die Verantwortung für diese Stellung zu übernehmen hat, so haben seine Vertheidiger[51]) von jeher zu seinen Gunsten geltend gemacht, dass er hier die Rücksicht auf die Gruppirung der Ereignisse nach idealeren Gesichtspunkten als dem der Chronologie habe obwalten lassen; und aus dem früheren 'durch nichts zu entschuldigenden Verstoss', dem 'Schmutzfleck' (Linker a. a. O. S. 263 u. 273. vgl. Madv. op. ac. 1842. II, 349) der sallustianischen Monographie ist nachgerade eine besondere Finesse gemacht worden, die nur Oberflächlichkeit und Tadelsucht (Zumpt a. a. O. p. 569: hominibus diligenter examinantibus vituperandique minus cupidis prorsus satisfecit) zu verkennen vermöge. Ich kann auch auf diese Gefahr hin mich mit Zumpts Erklärungsversuch nicht einverstanden erklären, darf aber, da er nichts Neues beibringt, Baurs Erörterung, der auch diese Frage am eingehendsten und sachgemässesten behandelt hat, der Besprechung zu Grunde legen.

Nach Baur (a. a. O. S. 201) soll nemlich auch hier nicht ein Irrthum, sondern Sallusts Neigung 'zu generalisiren und zu subsumiren' der Grund der Stellung sein, deren 'Befremdlichkeit' und 'Ungehörigkeit' (S. 197) übrigens zugestanden wird. Wenn nun diese Eigenthümlichkeit Sallusts durch Beispiele belegt wird, wo er gewissermassen durch Ideenassociation verleitet den Context der Erzählung unterbricht (vgl. ausser dem von Baur angeführten Excurs über die erste Verschwörung: 5, 9 — 13, 5. 17, 5 — 7. 25. 38 — 39, 4. 49. 53, 2 — 54, 5) oder mit Hinzufügung der Zeitbestimmung (50, 3: paullo ante) etwas nachträgt, zu dessen Erwähnung ihm an der zeitlich richtigen Stelle keine Gelegenheit gegeben war oder

---

51) Wiedemann im Philologus Bd. XXII, 1865. S. 501 ff. Baur im Correspondenzbl. v. 1870 S. 199 ff. Zumpt, de imp. Aug. die nat. p. 569.

wenn er alles, was von einer beiläufig erwähnten Person oder Sache zu sagen ist, auf einmal absolvirt, weil die chronologische Einreihung der Einzelheiten den Gang der Erzählung wiederholt unterbrechen würde, wie 19, 3 (vgl. 21, 3) und 49, 4, so sind das lauter Fälle, die theils überhaupt zu keiner Ausstellung Anlass geben, theils nur eine gewisse Mangelhaftigkeit der Anlage verrathen, zur Antastung der Glaubwürdigkeit Sallusts aber überall nicht berechtigen, da er selbst sich nachweislich des wahren Zeitverhältnisses bewusst geblieben ist und es nur da und dort dem Leser einige Aufmerksamkeit kosten lässt dasselbe gleichfalls zu erkennen. Und was das Princip der Gruppirung der Ereignisse nach dem Gesichtspunkt ihrer inneren Zusammengehörigkeit überhaupt betrifft, so wird niemand anstehen darin nur einen Vorzug, einen bedeutenden Fortschritt der Geschichtschreibung gegenüber der chronikartigen Annalistik anzuerkennen. Nur das ist immer die Frage, ob das wirklich innerlich Zusammengehörige zusammengestellt, ob die Thatsachen in ihrer Integrität erhalten und auch die chronologischen Beziehungen, die eben meist erst die Bedeutung der Thatsachen bedingen, noch erkennbar sind.

In unserem Fall nun aber, dessen allein zutreffendes Analogon die Versetzung der significanten Aeusserung Catilinas ist, handelt es sich augenscheinlich nicht nur um eine Verwirrung der Zeit- und Reihenfolge der Ereignisse, die nach Baurs (S. 198) eigenem Zugeständniss nur durch Hinzunahme anderer Quellen d. h. nicht zu lösen war, sondern noch dazu um eine materielle Entstellung der Thatsachen selbst, sofern sie ganz wie jenes Dictum Catilinas gemäss der Zeit, der sie nach ihrer jetzigen Stellung anzugehören scheinen, so modificirt sind, dass alles zeitlich aufs beste zusammenzuhängen scheint und vielmehr die von Linker vorgeschlagene rectificirte Stellung als ganz ungehörig bezeichnet werden müsste. Vollkommen richtig hat dies Baur S. 197 hinsichtlich der Mittheilung anerkannt, die Sallust den Catilina bei Läca seinem Stabe machen lässt: se Manlium praemisisse ad eam multitudinem, quam ad capienda arma paraverat, item alios in alia loca opportuna, qui initium belli facerent. Denn diese an sich fast unerträgliche Eröffnung, die streng genommen die Voraussetzung nothwendig macht, dass jene Massregeln ohne Wissen des Generalstabs getroffen worden seien, würde durch die Annahme, Sallust sei sich dabei der wahren Zeit dieser Zusammenkunft bewusst gewesen, geradezu unverzeihlich. Aber auch im Uebrigen ist die Geschichte der Conferenz ganz dem neuen zeitlichen Zusammenhang entsprechend gestaltet worden: Catilinas Strafrede an seine Genossen wegen ihrer Energielosigkeit, von der Cicero (Cat. I, 4, 9. II, 3, 6. p. Sull. 18, 52) nichts weiss, steht im engsten Zusammenhang (s. u. S. 805) mit der vorhergehenden Schilderung von Catilinas eigener rastloser Thätigkeit, deren totale Erfolglosigkeit (ubi multa agitanti nihil procedit) ja überhaupt nach Sallust die

Veranlassung der Versammlung war. Während ferner nach Cicero die Vertheilung der Districte Italiens und die Festsetzung der Reiseziele Gegenstand, ja die Hauptveranlassung jener Berathung war, hat Sallust dafür keine Stelle mehr, da nach ihm die Emissäre gleich nach der Wahl abgegangen sind (27, 1 vgl. 42, 2); er lässt das interessante Referat dafür eintreten. Dagegen konnte ihm die Vertheilung der Mord- und Brandrollen doch für jene Zeit verfrüht erscheinen, da er von einer bestimmten Gestaltung der in Rom auszuführenden Action vor December (43, 1 f.) nichts zu berichten weiss (vgl. 29, 1. 32, 1); und so verlegt er, da die Nacht vom 6. auf 7. November für ihn ihre geschichtliche Bedeutung verloren hat, in richtiger Consequenz die auf den Mord- und Brandplan bezüglichen Anordnungen auf die Nacht der Abreise Catilinas von Rom (8. auf 9. November), in der, wie er sich sagen durfte, jedenfalls auch eine Besprechung stattfand. — Wir sehen, Sallust hat so geschrieben, als wäre er entweder selbst über die Zeit der Versammlung nicht unterrichtet gewesen oder als hätte er den Leser vor jedem Zweifel bewahren wollen, sie möchte einer späteren Zeit angehören. Niemand kann es ja einfallen zu verlangen, dass Sallust, wenn er sie einmal versetzte, sie nicht organisch hätte einfügen sollen, aber um die Berechtigung dieser Versetzung handelt es sich, um die Frage, ob die geschichtliche Bedeutung der Versammlung und des Attentats durch die Versetzung nicht aufgehoben oder wenigstens alterirt und beeinträchtigt worden ist.

Die einzige geschichtliche Thatsache, die der sallustianische Bericht über die Conferenz beibehalten hat, ist Catilinas Erklärung zum Heer abgehen zu wollen, sobald der unbequeme Consul aus dem Weg geräumt sei. Ihre geschichtliche Bedeutung ist also reducirt auf die Veranlassung eines zum Versuch gelangten Attentats auf Cicero. Da nun aber Sallust in Ciceros Flunkereien von unaufhörlichen Mordanschlägen, deren Ziel er schon als designatus und dann als Consul gewesen sei (Cat. I, 5, 11. 6, 15. IV, 1, 2. 9, 18. p. Mur. 26, 52. 37, 79. 38, 82), keinen Zweifel setzt (Sall. 26, 2; 5. 27, 2) und alsdann auch nicht annehmen konnte, dass keiner derselben auch nur zum Versuch gediehen sei, so wäre die besondere Hervorhebung und detaillirte Erzählung gerade dieses Versuchs an und für sich einigermassen befremdlich. Auffallend wäre alsdann auch, dass Catilina nicht schon früher, sondern erst postremo ubi multa agitanti nihil procedit einige seiner Genossen zu einem solchen Morgenbesuch bei Cicero aufgestiftet hat, völlig räthselhaft aber, dass die Leute, deren Hauptgeschäft seither das Attentiren auf Cicero gewesen sein müsste, da diese Aufgabe stets die Vorbedingung aller übrigen blieb (vgl. 26, 2; 5. 27, 2; 4. 32, 1 f.), nun erst von Catilina zu hören bekommen, Cicero sei das Hauptbinderniss seiner Pläne und müsse darum aus dem Wege geräumt werden und vollends, dass sie diese Mittheilung betroffen und unschlüssig macht. Wenn die Berücksichtigung des Umstands, dass das Attentat an den Consularcomitien und das in Rede stehende die beiden einzigen sind, von denen Cicero selbst Genaueres zu berichten gewusst hat, auch jenes aber gerechten Bedenken begegnet (s. o. S. 747 f.), an der Fabelhaftigkeit aller jener Mordanschläge noch einen Zweifel übrig lassen würde, so könnte die Art der Erwähnung, die das Attentat des 7. Novembers bei Sallust findet, als Beweis dafür benützt werden, dass dieser Mordversuch erst eine der weitergehenden Consequenzen der Verschwörung und der erste thatsächliche Anschlag gewesen ist, dem Ciceros Leben durch Catilinas Komplott ausgesetzt war. Auch Sallust hat daher gewiss wenigstens in der Frechheit und Offenkundigkeit das Besondere desselben erkannt und die entschiedene Ueberzeugung von seiner Bedeutsamkeit für die Entwicklung der Verschwörung gehabt. Für den unbefangenen Leser wenigstens ist somit die Annahme unabweisbar, dass er dieses Attentat in zeitliche und ursächliche Beziehung zu dem Zustandekommen des S. C. ultimum (c. 29) gesetzt wissen wollte. Denn Baur S. 202 muthet diesmal der Aufmerksamkeit des Lesers entschieden zu viel zu, wenn er 'das zurückgreifende interea 28, 4 und das zweimalige postremo 27, 3 und 31, 5' als einen Fingerzeig Sallusts betrachtet haben will, 'dass es sich hier um ein weiter hinausliegendes, der Katastrophe 31, 5 ff. unmittelbar vorhergehendes Vorkommniss handle'. Aus diesem interea vielmehr wird zwar kein Verständiger auf die genaue Gleichzeitigkeit der Thätigkeit des Manlius in Etrurien mit dem Mordanschlag auf Cicero schliessen, wie Zumpt p. 569 voraussetzt, aber sicherlich und mit Recht auf die Gleichzeitigkeit dieser Thätigkeit ausserhalb Roms mit der im Attentat gipfelnden Wirksamkeit Catilinas in Rom. Beides zusammen bildet dann das anceps malum (29, 1), das Cicero zu der Berufung des Senats am 21. October veranlasste.

In Wahrheit aber steht bekanntlich die Berathung bei Läca und der Anschlag auf Cicero im engsten Causalzusammenhang mit der Katastrophe der Verschwörung, der Sitzung des Senats, in der Cicero seine erste catilinarische Rede hielt. Die bei Läca gefassten Beschlüsse nemlich, die die Existenz der Stadt, der Staatsordnung und des Mannes, an dessen Leben in der That damals noch ihre Rettung hieng, unmittelbar bedrohten, und die handgreifliche Bestätigung derselben durch das unmittelbar darauf folgende erste thatsächliche und offenkundige (Cic. Cat. I, 4, 10) Attentat auf Cicero setzten diesen endlich in den Stand in einer auf den folgenden Tag, den 8. November [52]), berufenen Senatssitzung Catilina als das Haupt der

---

[52] Für alle, die die Versammlung bei Läca auf die Nacht vom 6. auf 7. November verlegen, stehen der unbedingten Anerkennung der Annahme, dass die erste catilinarische Rede am 8., die zweite am 9. November gehalten worden ist, nur die beiden Stellen der zweiten Catili-

Verschwörung öffentlich zu entlarven, deren Bestand schon seit dem 21. October anerkannt war. Die Stellung, die Sallust jenen Begebenheiten anweist, reisst somit Ursache und Folge auseinander

---

naria: 3, 6 und 6, 12 und die Unwahrscheinlichkeit einer eintägigen Zwischenzeit zwischen dem Attentat und der Berufung des Senats entgegen. Während nemlich nach Cat. I, 1, 1. 4, 8. II, 6, 13 der ersten Rede zwei Nächte, eine superior I, 1, 1; 4, 8 oder prior 4, 8 und eine proxima 1, 1, 1. II, 6, 13 vorangehen, als deren erste die Nacht der Versammlung bei Läca bezeichnet wird, scheint in der am Tag nach der ersten gehaltenen zweiten Catilinaria durch die Worte omnia superioris noctis consilia ad me perlata esse sentiunt; patefeci in senatu hesterno (II, 3, 6) die Conferenz bei Läca der superior nox, also der in der or. I proxima genannten, und übereinstimmend damit durch die Worte: hesterno die, cum domi meae paene interfectus essem, senatum in aedem Iovis Statoris couvocavi (II, 6, 12) das Attentat, das doch der Berathung bei Läca auf dem Fuss folgte, dem Tag der ersten catilinarischen Rede zugewiesen zu werden. Diesen 'Widerspruch' zu lösen sind die verschiedensten Auswege versucht worden; unglücklicher aber wohl keiner als der neuste von Zumpt a. a. O. p. 577 f. eingeschlagene: durch die Interpunktion Quid? Proximâ quid superiore nocte egeris (Cat. I, 1, 1) die beiden Nächte auf eine zu reduciren. Die logische Unmöglichkeit, dass Cicero, wenn er bloss eine Nacht hätte bezeichnen wollen, mit einem seltenen Pleonasmus (vgl. Cic. or. 64, 216. Tac. Ann. I, 77) und beleidigender Deutlichkeit diese eine letztvergangene Nacht proxima superior genannt, dann aber gleich darauf § 8 mit nox illa superior unverkennbar auf die Unterscheidung zweier Nächte zurückgewiesen hätte, ferner die unmissdeutbare Wiederholung derselben Unterscheidung in der or. II, 6, 13: quid ea nocte (in nocturno conventu apud M. Laecam) egisset, quid in proximam constituisset überhebt uns der Aufgabe auf die Widerlegung von Beweisgründen einzugehen, wie der: Catilina hätte nicht zweimal aus seiner libera custodia bei M. Metellus (Cat. I, 8, 19. Dio 37, 32) entweichen können, den doch Cicero sodalis des Catilina und mit Ironie optimus vir nennt und über dessen Wachsamkeit er sich grausam lustig macht. Die Mehrzahl der Kritiker hat sich dagegen gewiss richtig zu Gunsten der Stellen der or. I entschieden und entweder wie Halm Einl. z. d. Cat. A. 55. in den citirten Stellen der or. II, 'eine Ungenauigkeit des Ausdrucks, die dem Cicero bei der späteren schriftlichen Abfassung unterlaufen ist', angenommen oder wie Baur im Corr. v. 1870 S. 36 ff. durch Interpretation zu helfen gesucht. Berücksichtigen wir jedoch die relative Bedeutung von superior, das nur in dem seltenen Fall durch 'vorletzt' wiedergegeben werden kann, wenn von einem unterschiedenen Früheren und Späteren das Letztere erst der unmittelbaren Vergangenheit angehört, während, wenn keine bestimmte Zweiheit unterschieden wird, superior 'vergangen' überhaupt, in der Regel aber (auch ohne proximus) 'letzt vergangen' bezeichnet (superior annus: Tac. hist. I, 52; superiora comitia: Cic. Planc. 22, 53 f. vgl. mit Cic. Cat. I, 5, 11; superior nox: Cic. in tog. cand. p. 83, 15. Cat. III, 12, 29), so brauchen wir in superioris noctis consilia weder eine Ungenauigkeit noch die hienach sprachlich unzulässige, und nach dem, was Cicero über den Gegenstand jener Berathung mitgetheilt hat (Cat. I, 4, 9 vgl. p. Sull. 18, 52), sachlich unzutreffende Deutung Baurs: 'Beschlüsse für die vorletzte Nacht' anzunehmen. Superior nox ist vielmehr einfach die erste der beiden Nächte, von denen Cicero am 8. November im Senat genug gesagt hatte, um sie zum Stadtgespräch zu machen. Dass er

und macht so dem Leser unmöglich zu verstehen, warum Cicero
erst und gerade damals die thatsächliche Anerkennung des Haupts
der Verschwörung von Seiten des Senats herbeiführen konnte, sofern

(wenigstens in den Reden, wie er sie herausgegeben) nichts Bestimmtes
über die nox proxima mitgetheilt hat, spricht nicht dagegen. Ohne
Zweifel wusste er selbst nichts Genaues über sie, aber er hatte, wie es
scheint, am 7. November nach dem Attentat, um einen heilsamen Schrecken
zu verbreiten und dadurch den Erfolg der Senatssitzung des folgenden
Tags zu sichern, zugleich mit der Kunde von dem geschehenen Mordversuch das Gerücht verbreiten lassen, dass es in der folgenden Nacht
losgehen solle (vgl. Cat. I, 1, 1: nocturnum praesidium Palatii). Darum
geht er zwar im Senat in Catilinas Anwesenheit über die letztvergangene
Nacht mit den etwas unbestimmten Worten hinweg: quid proxima, quid
superiore nocte egeris — — quem nostrum ignorare arbitraris? Tags
darauf aber vor dem Volk bleibt er ausdrücklich dabei, dass für die
zweite Nacht ein Schlag geplant gewesen sei und gibt desshalb in den
Worten: quid ea nocte (apud Laecam) egisset, *quid in proximam constituisset* — edocui jenem unbestimmten agere die entsprechende be-
stimmtere Wendung oder Deutung. Bei dieser Berühmtheit der beiden
Nächte wäre es gerade dem Volk gegenüber, dessen Vertrautheit mit
dem Detail der am Tag zuvor gemachten Enthüllungen auch durch das
Summarische der Recapitulation (vgl. II, 3, 6; 6, 12) angedeutet wird,
geradezu abgeschmackt gewesen, wenn er die erste der beiden Nächte
pünktlich als die drittletzte vom 9. November ab gerechnet bezeichnet
hätte. Und eben, weil besonders auch das Detail des Attentats sicher
schon im Volke bekannt war, konnte Cicero Cat. II, 6, 12 sagen: hesterno
die, cum domi meae paene interfectus essem, senatum convocavi, ohne
im Geringsten missverstanden zu werden und ohne die Annahme Baurs
(a. a. O. S. 39) und Halms (zu Cat. II, 6, 12) nöthig und wahrscheinlich
zu machen ein Missverständniss sei ihm erwünscht gewesen. Dass
übrigens auch das Band zwischen einer vorausgeschickten Zeitbestimmung und einem folgenden Zwischensatz für das Gefühl des Lateiners
nicht nothwendig so eng gewesen ist, wie die Vertreter der Ansicht,
der 7. November sei der Tag der ersten Catilinarischen Rede gewesen,
anzunehmen pflegen (vgl. Madvig op. ac. I, 195. Mommsen, Hermes I,
433), lehrt z. B. folgender Satz des im Chronologischen besonders pünkt-
lichen Asconius in Cic. or. in tog. cand. p. 85, 8: ante annum quam
haec dicerentur (= 689), Catilina cum rediisset ex Africa (a. 688), Torquato et Cotta coss. (= 689) accusatus est. — Endlich findet der nicht
ungegründete Einwurf Madvigs a. a. O. p. 195: nullo modo probabile
est Ciceronem habito illo nocturno conventu consiliisque ad se statim
delatis factisque sibi eadem nocte insidiis diem intermisisse ac tum
demum senatum convocasse seine Erledigung in der Wichtigkeit des
Wurfs, den Cicero in dieser Sitzung thun wollte. Er hatte lange genug
vergeblich denuncirt und sein Leben dadurch, dass er allein sich wach-
sam zeigte, unmittelbar gefährdet. Jetzt sollte Catilina sich überzeugen,
dass Senat und Volk auf Ciceros Seite stehe und er selbst thatsächlich
geächtet sei. So war jener Tag nicht nur für die Anordnung öffentlicher
(Cat. I, 1, 1: nocturnum praesidium Palatii, urbis vigiliae) und privater
(Cat. II, 12, 26) Sicherheitsmassregeln, wohl auch für die Befragung
eines consilium (wie am Morgen des 3. Decembers Cat. III, 3, 7) nöthig,
sondern hauptsächlich, um den Eindruck des geschehenen Mordversuchs
und die Panik der folgenden Nacht wirken zu lassen und dadurch am
andern Tag der moralischen Unterstützung der Senatsmajorität und des

der Geschichtschreiber auf diese Weise nicht nur dem Leser den wahren Grund vorenthalten, sondern sich augenscheinlich selbst ausser Stand gesetzt hat einen wahrscheinlichen andern dafür zu finden. Denn zur Einführung jener bedeutungsvollen Senatssitzung sieht er sich nun genöthigt einen nothdürftigen Anschluss an der Thatsache zu suchen, dass damals L. Paullus den Catilina wegen Gewalt angeklagt hatte. Mit deutlicher Beziehung darauf führt er nemlich fort 31, 5: postremo dissimulandi causa (um den Unbefangenen zu spielen) aut sui expurgandi, sicuti iurgio lacessitus foret (und nicht vielmehr eines schweren Verbrechens angeklagt wäre) in senatum venit. Ciceros Invective aber ist nach Sallust durch die Affecte der Furcht oder des Zorns veranlasst, die Catilinas Frechheit im Senat zu erscheinen im Gemüthe des Consuls erregt hatte (sive praesentiam eius timens sive ira commotus).

Wenn nun nach Wiedemann a. a. O. S. 503 und Baur a. a. O. S. 202 die Finesse der absichtlich unchronologischen Stellung jener Ereignisse darin liegen soll, dass Sallust nicht die Entscheidung als halben Zufall kommen, nicht das einzelne verruchte Unternehmen als inneren Anlass der Katastrophe hinstellen, nicht die persönliche Gefahr und die Velleitäten des allzugeschäftigen Consuls an die

---

Volks um so sicherer sein zu können. Gewiss hätten 'einige Stunden' — eine längere Frist hält Zumpt p. 573 fin. 575 für schlechthin unmöglich — nicht genügt diese Absicht so vollständig erreichen zu lassen, wie es thatsächlich der Fall war (vgl. Cat. I, 1, 1), ja auch nur die drastische Wirkung zu ermöglichen, die Catilinas Erscheinen im Senat am 8. November auf die Senatoren hervorgebracht hat (Cat. I, 7, 16: quis te ex hac tanta frequentia, tot ex tuis amicis ac necessariis salutavit? — — quid? quod adventu tuo ista subsellia vacuefacta sunt. II, 6, 12). — Vollends sicher wird aber die Sache durch die Notiz Ascons p. 6, 12: dass die erste catilinarische Rede am 18. Tage nach dem 21. October gehalten worden sei, eine Angabe, die darum sicher auf den 8. November (nicht auf den 7., wie Mommsen, Hermes I, 434. Lange, R. A. III, 243. Zumpt, a. a. O. p. 566 annehmen) führt, weil Asconius bei dergleichen Zählungen ganz in der modernen Weise den terminus a quo nicht mit einrechnet, worauf schon Wirz, S. 30 A. und nach ihm Baur im Corr. v. 1870 S. 33 f. aufmerksam gemacht haben und was sich mir durch Vergleichung einer grossen Anzahl von Stellen (vgl. besonders p. 76, 6 ff.; sodann: p. 37, 11--15 mit 44, 17—19. 56, 5. 64, 12. 69, 1. 80, 20. 81, 7. 89, 1) als ein von ihm mit Consequenz festgehaltenes Princip herausgestellt hat. Asconius wenigstens hat also jedenfalls den 8. November für den Tag der ersten catilinarischen Rede gehalten und da er hier seiner Sache doppelt gewiss sein musste, wo er die summarische Zählung Ciceros Cat. I, 2, 4: vicesimum iam diem rectificirte (ebenso viginti als runde Zahl Cic. p. Planc. 37, 90; vgl. auch Phil. II, 46, 119 gemäss der allgemeinen Weise des rhetorischen Kunststils die Zahlen abzurunden. Vgl. Tac. Hist. I, 1. IV, 58. 74. Germ. 37. Dial. 17. Ausserdem tritt zwanzig bei unbestimmten Zahlangaben besonders gern auf. Vgl. z. B. Hom. Od. 19, 222; 536. 20, 158. 22, 57. Daher hat die von Halm und Baur belobte Ahrens'sche Erklärung: XII Kal. Nov. + 8 Tage im Nov. = 20 wenig für sich), so ist an der Richtigkeit seiner Datirung gar nicht zu zweifeln.

Stelle des nach ewigen Gesetzen sich vollziehenden Geschickes habe
treten lassen wollen, so dünkt es mich, als wäre er vom Regen in
die Traufe gekommen. Die grosse Peripetie der Verschwörung
hängt nun nach Sallust genau von einem ganzen Zufall ab. Wäre
Catilina aus der Sitzung weggeblieben, so hätte Cicero geschwiegen;
das hauptlose Gespenst der Verschwörung wäre im Dunkeln weiter
geschlichen; nicht weil der Charakter, den Catilinas Pläne angenommen hatten, jetzt gebieterisch eine offene Bekriegung des anarchistischen Komplotts heischte, nicht weil jetzt ein eclatanter Beweis des
Bestands einer hauptstädtischen Verschwörung vorlag, tritt nach
Sallust die Katastrophe ein, sondern weil sich der ängstliche Consul
durch Catilinas Gegenwart beengt fühlte — als wäre er auch im
Senat vor seinem Dolche nicht sicher (vgl. Cic. Cat. IV, 1, 2) —
oder weil Catilinas Erscheinen im Senat, das dem frechen Spiel der
Täuschung die Krone aufsetzte, das Mass der Geduld des erregbaren
Consuls überschritt — als hätte Catilina seit längerer Zeit regelmässig im Senat gefehlt (was schon dadurch ausgeschlossen ist, dass
Cicero am 8. November offenbar mit Sicherheit sein Erscheinen
erwartet hatte) —; kurz rein psychologische Motive, Zufälligkeiten
und persönliche 'Velleitäten' treten bei Sallust an die Stelle der
nach den Gesetzen natürlicher Entwicklung unvermeidlich gewordenen geschichtlichen Begebenheiten, so dass er so ziemlich das
Gegentheil von dem erreicht hätte, was er durch seine unchronologische Anordnung bezweckt haben soll, um davon ganz zu schweigen, dass er alles, was er hier soll haben vermeiden wollen, bei dem,
wie sich nachweisen lässt, für ihn bedeutungsvolleren Ereigniss, der
Sitzung des 21. Octobers, aufs Spiel gesetzt hätte.

Gestehen wir vielmehr nicht nur principiell 'eine gewisse Gleichgiltigkeit Sallusts gegen das äussere Detail' (Baur a. a. O. S. 200)
zu, sondern machen wir auch die Anwendung davon, indem wir zur
Erklärung offenkundiger chronologischer Verstösse nicht nach Gründen suchen, die gewiss Sallust selbst sehr fern gelegen sind, sondern
nach dem nächstliegenden, so werden wir anzuerkennen haben, dass
Sallust, dem es nicht um eine Darstellung des geschichtlichen Entwicklungsganges der Verschwörung zu thun war, es für ziemlich
überflüssig gehalten hat sich genau über die Zeitfolge und das Detail
der Ereignisse zu unterrichten und seine Erinnerungen oder Vermuthungen durch Quellenbenützung zu controliren. Wäre wirklich
und entschieden, wie seine Vertheidiger annehmen, die Versetzung
auf Grund einer wohlüberlegten Absicht geschehen, so weiss ich
nicht, wie das, was daran zu tadeln ist, auf die elementare Entwicklungsstufe der kunstgemässen Geschichtschreibung, die Sallust
repräsentirt, zurückgeführt werden kann (s. Baur S. 199), und nicht
vielmehr die schlimmste Entartung derselben, eine beispiellose Willkür in der Behandlung geschichtlicher Ereignisse im Dienste einer
tendenziösen Gesammtdarstellung, darin erkannt werden müsste.

Aber die Wahrscheinlichkeit der Vermuthung, dass Sallust die
Ciceronischen Reden nur höchst oberflächlich benützt hat, legt die
Annahme näher, dass er nur desshalb gefehlt hat, weil er die chronologische Einreihung jener Thatsachen lieber von der Frage, wann
sie nach dem Entwicklungsgang der Verschwörung, wie er für ihn
feststand, stattgefunden haben können oder müssen, als von der Consultation seiner Quellen abhängig gemacht hat.

Die Behauptung nemlich, dass die auf die Geschichte der catilinarischen Verschwörung bezüglichen Reden Ciceros eine hauptsächliche Quelle Sallusts gewesen sei, ist zwar an sich nicht unwahrscheinlich, aber dass er sich „genau mit ihnen bekannt" gemacht,
also sie sorgfältig studiert und ständig zu Rath gezogen hat, scheint
mir weder durch die von Linker a. a. O. S. 276 f. beigebrachten Belege noch durch Dübis Dissertation de Catilinae Sallustiani fontibus
ac fide erwiesen zu sein. Denn gerade die sprachlichen Reminiscenzen,
auf die sich Linkers Beweismaterial in der Hauptsache beschränkt
(während Dübi überall Benützung vorauszusetzen geneigt ist, wo die
beiden Zeitgenossen sich über denselben Gegenstand äussern), so
die Redeanfänge: quousque tandem (Sall. 20, 9) maxime vellem (Cic.
p. Sull. in. = Sall. or. Phil. in.) (vgl. ebenso Dem. Ol. III in. mit
Sall. 52, 2), ferner die übereinstimmende Bezeichnung der Catilinarier als impudici, adulteri, gancones (Cic. Cat. II, 4, 7 und 10, 23
= Sall. 14, 2), und die ähnliche Schilderung der Greuel des Bürgerkriegs (Cic. Cat. IV, 6, 11 f. = Sall. 51, 9) erklären sich, da sie
durchaus nicht „seitab", sondern so nahe als nur immer möglich
liegen (vgl. Cic. Cat. IV, 1 f. II, 11, 25), vollständig aus der literarischen Berühmtheit jener Reden. Wenn ferner Cic. Cat. I, 6, 14:
nuper cum morte superioris uxoris novis nuptiis domum vacuefecisses, nonne etiam alio incredibili scelere hoc scelus cumulasti? das
Vorbild von Sall. 15, 2: pro certo creditur necato filio vacuam domum scelestis nuptiis fecisse gewesen sein soll, nun so wäre eben
anzunehmen, dass Sallust der Uebereinstimmung in der Form wegen
umsomehr in der Sache habe von Cicero abweichen wollen. Denn
abgesehen von dem in diesen Worten enthaltenen Anachronismus
(s. Wirz S. 33) lässt er gerade die von Cicero ausdrücklich behauptete und also, wie es scheint, allgemein angenommene Thatsache des Gattenmords unberührt und hebt die von jenem vielleicht
auch gemeinte, aber nur angedeutete Ermordung seines Sohnes hervor. Die Phrase domum nuptiis vacuefacere aber war, wie es scheint,
eine stereotype Redewendung, die allzuwenig Besonderes hat, um
Dübis (p. 10) Vermuthung zu rechtfertigen, auch Livius (I, 46, 9:
cum domos vacuas novo matrimonio fecissent) habe sie aus Cicero
und Sallust entlehnt. — Ob ferner das Schreiben des Lentulus in
der sallustianischen (44, 5) oder in der ciceronischen (Cat. III, 5, 12)
Fassung original ist, darüber lässt sich streiten (vgl. Halm z. d. St.
und Kratz, Jahrb. f. class. Phil. Bd. 91 S. 850). Wie verschieden

vollends die sallustianische Darstellung des Verhörs des Volturcius und der Allobroger (47, 1 f.) mit der nach Linker „bis ins Einzelne übereinstimmenden" Darstellung Ciceros Cat. III, 4 von andern Gelehrten gefunden wird, davon überzeuge man sich bei Hagen S. 249 und Dietsch, Sallustausg. v. 1859 I p. 111. — Endlich hat auch der Vorschlag Linkers, bei Sallust 52, 35 statt Catilina cum exercitu *faucibus urguet;* alii intra moenia atque in *sinu urbis* sunt hostes zu lesen: — — in *faucibus Etruriae agit,* alii intra moenia atque in *senatu* sunt hostes mit Recht keinen Anklang gefunden (s. Dietsch a. a. O. p. 69), da zu diesen Aenderungen kein Grund vorläge, auch wenn Linkers Voraussetzung begründet wäre, dass Cic. Cat. I, 2, 5 dieser ganzen Stelle zum Vorbild gedient habe.

Bedeutungsvoller als all diese theilweise unvermeidlichen sprachlichen Anklänge scheint mir für diese Frage der von Linker S. 266 selbst als „wirkliche Nachlässigkeit" gerügte Anachronismus zu sein, den Sallust sich erlaubt hat, „wenn er 32, 2 erst nach der Rede des Cicero den Catilina unmittelbar vor seiner Abreise zum Heer in einer neuen Versammlung den in Rom zurückbleibenden Genossen seine detaillirten Verhaltungsbefehle geben lässt, welche doch Cicero eben in jener Rede schon den versammelten Vätern mitgetheilt hatte". Ist es denkbar, dass Sallust, als er Catilina die Worte in den Mund legte: caedem, incendia aliaque belli facinora parent, die allerdings, wenn sie erträglich werden sollen, als blosse Skizzirung detaillirter Anordnungen betrachtet werden müssen, die eben von ihm berührte (31, 6) erste Catilinarische Rede, deren A und O die bei Läca gefassten Beschlüsse sind, vor sich gehabt hat? Aber dies ist nur eines von vielem. Denn Sallusts ganzer Bericht über die Periode der Verschwörung vom 21. October bis zum 8. November ist nur unter der Annahme denkbar, dass er sorgfältige Quellenbenützung überhaupt unterlassen, aber gerade in dieser Periode besonders auch Cicero vernachlässigt hat. Eine genauere Vergleichung der Ueberlieferung des Cicero und der griechischen Geschichtschreiber wird dies zur Genüge erweisen und zugleich die Versetzung der Zusammenkunft bei Läca und des Attentats nur als eine significante Aeusserung bedeutenderer Irrthümer erkennen lassen.

Nach dem durchaus glaubwürdigen und in der Hauptsache auf Ciceros eigenes Zeugniss (Plut. Crass. 13: ἐν δὲ τῷ „Περὶ ὑπατείας" ὁ Κικέρων νύκτωρ φηςὶ τὸν Κράccον ἀφικέcθαι πρὸc αὐτόν, ἐπιcτολὴν κομίζοντα περὶ τοῦ Κατιλίνα καὶ Ζητουμένην ὡc ἤδη βεβαιοῦντα τὴν cυνωμοcίαν) zurückgehenden Bericht Plutarchs Cic. 15 und Dios 37, 31 kamen in einer Nacht kurz vor dem Tag, an welchem in der Stadt losgeschlagen werden sollte (wahrscheinlich in der Nacht auf den 21. October), M. Crassus, Metellus Scipio und M. Marcellus zu Cicero mit anonymen Briefen, von denen nur Crassus, bei dem sie alle abgegeben worden waren, den an ihn selbst gerichteten geöffnet hatte, des Inhalts, er solle sich eines bevorstehenden grossen Blutbads wegen, das zu Gunsten Catilinas stattfinden werde, von Rom entfernen. Crassus, fügt Plutarch hinzu, wollte sich durch diese Denunciation einigermassen von dem Verdachte reinigen, der wegen freundschaftlicher Beziehungen zu Catilina auf ihm gefallen war. Mit Tagesanbruch berief Cicero den Senat und händigte die mitgebrachten Briefe den Adressaten ein mit der Aufforderung sie laut vorzulesen. Alle sprachen gleichermassen von einem Anschlage. Die Urheber des Mordplans blieben jedoch zunächst unbestimmt (vgl. Dio a. a. O.). Dagegen eröffnete Cicero, der seinerseits wohl nicht erst durch die Briefe von dem Anschlag unterrichtet worden war (s. u. S. 807 A. 60), damals, möglicherweise aber auch erst an einem der nächsten Tage, dass als Termin desselben der 28. October angesetzt sei (Cic. Cat. I, 3, 7). — In derselben Sitzung oder, wie nach Plutarch und Dio angenommen werden könnte, einige Tage darauf, jedenfalls aber in der Sitzung des 21. Octobers (Cic. a. a. O.) brachte Cicero Nachrichten aus Etrurien zur Sprache. Und wie er den Enthüllungen über das den Optimaten drohende Attentat, die er in petto hatte, die diplomatische Beglaubigung durch die Briefe hatte vorausgehen lassen, so bereitete er auch seine Eröffnungen über die Verschwörung ausserhalb Roms durch das Zeugniss eines andern vor, indem er den gewesenen Prätor Q. Arrius über die Werbungen in Etrurien berichten liess (ἀπήγγειλε τοὺc ἐν Τυρρηνίᾳ καταλογιcμούc), was durch Plutarchs fälschliche Anticipation der erst einige Tage darauf (Sall. 30, 1) eingetretenen Thatsache, dass Μάλλιοc ἀπηγγέλλετο cὺν χειρὶ μεγάλῃ περὶ τὰc πόλειc ἐκείναc αἰωρούμενοc ἀεί τι προcδοκᾶν καινὸν ἀπὸ τῆc Ῥώμηc, nicht an Glaubwürdigkeit einbüsst, da jene Meldung später als am 21. October nicht mehr möglich war. Und dann erst folgte Ciceros Orakelspruch: fore in armis certo die, qui dies futurus esset ante diem VI. Kal. Novembres (dies die recipirte Lesart) C. Manlium. Jene Briefe, die Meldung des Arrius und dann die mysteriöse Bestimmtheit der Enthüllungen Ciceros, die vermuthen liess, dass er mehr wisse als ihm für den Augenblick die Staatsraison zu sagen erlaube, verfehlten ihre Wirkung nicht; denn nach Dio ἐπὶ τοῖc ἐν τῷ ἄcτει γιγνομένοιc δόγμα ἐκυρώθη ταραχήν τε εἶναι καὶ ζήτηcιν τῶν αἰτίων αὐτῆc γενέcθαι, auf die Eröffnungen über Manlius aber προcεψηφίcαντο τοῖc ὑπάτοιc τὴν φυλακὴν τῆc τε πόλεωc καὶ τῶν ὅλων αὐτῆc πραγμάτων, was wohl so zu verstehen ist, dass erst die Mittheilungen über das Insurrectionsheer und die daraus sich ergebende Wahrnehmung, dass es sich hier um ein gemeinsames Vorgehen in und ausserhalb der Stadt handle, vollends den Entschluss herbeiführten es nicht bei einer blossen ζήτηcιc τῶν αἰτίων bewenden zu lassen, sondern zum „letzten und äussersten Senatsbeschluss", zur Proclamation des Bürgerkriegs, zu greifen.

Auf den 28. October flüchtete denn auch ein grosser Theil der
Aristokraten aus der Stadt, natürlich, wie Cicero Cat. I, 3, 7 ma-
litiös hinzufügt, nur um Catilinas Plänen entgegen zu wirken, nicht
etwa ihr Leben in Sicherheit zu bringen. Gleichwohl soll Catilina
nur durch die nunmehr ermöglichten umfassenden Vorkehrungen des
Consuls (vgl. Dio 37, 31) von der Ausführung des Mordplans abgehalten worden sein, da ihm die Ermordung Ciceros und der andern
zurückgebliebenen Optimaten genügt hätte (Cat. I, 3, 7). Der Umstand, dass er um jeden Preis suchen musste den vorausbestimmten
Termin einzuhalten, wenn anders die Kürze der Zeit und die Entfernung von Rom und Fäsulä eine Abbestellung unmöglich oder
wenigstens unsicher machte, lässt dies ziemlich glaubhaft erscheinen.
Sicher ist, dass Manlius an dem von Cicero vorausgesagten Tag die
Fahne des Aufruhrs erhob (Cic. Cat. I, 3, 7: num me fefellit, Catilina, non modo res tanta, tam atrox tamque incredibilis, verum, id
quod multo magis est admirandum, dies?). Dass dies jedoch gerade
der 27. October gewesen, lässt sich mit Sicherheit nicht behaupten
und ist, wie es scheint, mehr um mit Sallust 30, 1 Uebereinstimmung herzustellen als auf Grund der besten handschriftlichen Ueberlieferung angenommen worden. Wenn wir nemlich in Rechnung
nehmen, dass es bei der Annahme des 27. Octobers nicht recht begreiflich ist, warum nicht in Folge der Enthüllung des Plans und
seiner Termine und Angesichts der Sicherheitsmassregeln, die für
den 28. October nichts mehr hoffen liessen (Cat. I, 3, 7. II, 12, 26),
das unnütze, ja alles zu verderben drohende einseitige Vorgehen des
Manlius verhindert worden ist, obwohl eine sechstägige Frist die
Uebermittlung eines Gegenbefehls sicher ermöglicht hätte, ferner
dass ohne Zweifel, wie später (Sall. 32, 2; 43, 2; 44, 6. Cic. Cat.
III, 4, 8), beabsichtigt war, die Insurrectionsarmee zur Sicherung
des Erfolgs in eine gewisse Nähe von Rom gelangen zu lassen, ehe
man in der Stadt losschlug, endlich dass die übrigen Varianten bei
Cicero: VII, III, VIIII weit leichter aus ursprünglichem VIII sich
ergeben als aus VI, so werden wir der Lesart: ante diem VIII
Kal. Nov. = 25. October unbedingt den Vorzug geben müssen.

Die Nachricht von der Schilderhebung des Manlius und seinem
Umherziehen in Etrurien an der Spitze einer starken Mannschaft
(cùv χειρὶ μεγάλῃ περὶ τὰς πόλεις ἐκείνας αἰωρούμενος), das sich
leicht darauf deuten liess, dass er ἀεί τι καινὸν ἀπὸ τῆς Ῥώμης
erwartete, traf erst nach dem 28. October in Rom ein, wie nicht
wohl anders möglich war, auch wenn er sich schon am 25. October
von Fäsulä aus in Bewegung gesetzt hatte. Denn als es am 28. in
der Stadt ruhig geblieben war, erhoben sich schon wieder Stimmen,
die von verleumderischer Denunciation sprachen. Φρουρᾶς πολλα-
χόθι καταστάσης, erzählt Dio 37, 31, τὰ μὲν ἐν τῷ ἄστει οὐκέτ᾽
ἐνεωτερίσθη, ὥστε καὶ ἐπὶ συκοφαντίᾳ τὸν Κικέρωνα διαβληθῆναι,
τὰ δὲ ἐκ τῶν Τυρσηνῶν ἀγγελλόμενα τήν τε αἰτίαν ἐπιστώσατο

καὶ βίας ἐπ' αὐτοῖc γραφὴν τῷ Κατιλίνᾳ παρεcκεύαcε. Noch schlimmer wurde Catilinas Sache durch den missglückten Versuch in der Nacht des 1. Novembers die Festung Präneste zu überrumpeln (Cic. Cat. I, 3, 8). So konnte ihm im Grunde nichts erwünschter sein als jene Anklage des L. Aemilius Paullus wegen Gewalt (Schol. Bob. p. 320, 20. Cic. in Vat. 10, 25): sie zeigte ihm, wie unsicher man ihm gegenüber noch war und setzte ihn in Stand Senat und Volk noch länger durch die Maske der Gesetzlichkeit zu täuschen. Καὶ ὅc, berichtet Dio in diesem Sinn, τὰ μὲν πρῶτα καὶ πάνυ τὴν γραφὴν ἑτοίμωc, ὡc καὶ ἀπὸ χρηcτοῦ τοῦ cυνειδότοc ἐδέξατο, καὶ πρόc τε τὴν δίκην δῆθεν ἡτοιμάζετο, καὶ τῷ Κικέρωνι αὐτῷ τηρεῖν ἑαυτόν, ὅπωc δὴ μὴ φύγῃ που, παρεδίδου. μὴ προcδεξαμένου δὲ ἐκείνου τὴν φρουρὰν αὐτοῦ παρὰ τῷ Μετέλλῳ τῷ cτρατηγῷ (vgl. über diese Verwechslung des Prätors A. Metellus mit M. Metellus: Halm zu Cic. Cat. I, 8, 19) τὴν δίαιταν ἑκουcίωc ἐποιεῖτο, ἵν' ὡc ἥκιcτα ὑποπτευθῇ νεωτερίζειν τι. Denn dieses Spiel der Täuschung möglichst lange fortsetzen zu können war auch jetzt noch für Catilina ausserordentlich nützlich und wünschenswerth, weil Cicero sich in seinen Gegenmassregeln so lange äusserst gehemmt fühlen musste, als jener nicht allgemein anerkanntes Haupt der Verschwörung war (Cat. I, 12, 30; 1, 3; 2, 4 f.), sodann weil er noch bis zur Wegräumung des Consuls und damit, wie er hoffte, des ganzen Spionir- und Denunciationssystems, an dem bis jetzt alles gescheitert war, in Rom zu bleiben gedachte.

Uebrigens hatte inzwischen sein Plan eine wesentliche Veränderung erlitten. Der ursprüngliche, auf Ueberraschung der Gegner berechnete Plan der Verschwörung war ein durch das Zusammenwirken der Verschworenen in der Stadt mit dem Insurrectionsheer auszuführender Handstreich gewesen, der nur die Ueberrumpelung der Stadt und die Ermordung Ciceros und der andern Häupter der Regierungspartei, nicht Brandstiftung und Mord im grossen Massstab beabsichtigte. Ausdrücklich spricht Cicero Cat. I, 3, 7 von einer caedes optimatium und von der Flucht vieler principes civitatis, Plutarch Cic. 15 und Dio 37, 31 deuten an, dass es auf die δυνατοὶ abgesehen war, und wissen nichts von Anzündung der Stadt, und selbst bei Appian bell. civ. II, 3 erscheint die Brandstiftung erst mit Catilinas Abgang von Rom im Programm der Verschwörung. — Als nun aber dieser minder extreme Plan, der in den letzten Tagen des Octobers hätte zur Ausführung kommen sollen und nur die Erhebung Catilinas zum Consul beabsichtigt haben mag, gescheitert war, jedoch so, dass das einseitige Zustandekommen des einen seiner Factoren dem Catilina den Rükweg sowohl als die Fortsetzung desselben Wegs abschnitt, als endlich auch der Anschlag auf Präneste sich unausführbar gezeigt hatte, da musste sich Catilina sagen, dass gegenüber dem Netz von Verrath und Spionage, das ihn umgarnte, von Ueberrumpelungsversuchen und geheimen Anschlägen nichts mehr

zu hoffen sei, sondern nur noch der offene Aufstand, unterstützt
durch eine die Kräfte der Regierung zersplitternde allgemeine Erhebung
der einem Umsturz zugeneigten Elemente in Italien umher,
und dann ein plötzlicher vernichtender Schlag auf die wehrlose
Hauptstadt zum Ziele führen könne. Daher wurden nun erst in der
Zusammenkunft der Verschworenen bei Läca, zu der sich Catilina
aus der freien Haft bei M. Metellus ohne Mühe wegstahl, die Anordnungen
zur Verbreitung des Aufstands über den grössten Theil
von Italien getroffen (Cat. I, 4, 9: distribuisti partes Italiae, statuisti
quo quemque proficisci placeret. II, 3, 6: video cui sit Apulia attributa
(vgl. Cat. III, 6, 14: ad sollicitandos pastores), quis habeat
Etruriam (vgl. p. Sull. 19, 53), quis agrum Picenum, quis Gallicum).
Jetzt erst wurden ferner die Massregeln zur Ansteckung der Stadt
und zu einem auf die ganze besitzende und herrschende Classe der
Bürger ausgedehnten Blutbad berathen, die Stadt zu diesem Zweck
in Bezirke eingetheilt (p. Sall. 18, 52: discriptio totam per urbem
caedis atque incendiorum constituta est. Cat. I, 4, 9) und jedem sein
bestimmter Wirkungskreis angewiesen (Cat. II, 3, 6: video quis sibi
has urbanas insidias caedis atque incendiorum depoposcerit. III, 6
14. IV, 6, 13: attribuit nos (senatores) trucidandos Cethego et ceteros
cives interficiendos Gabinio, urbem inflammandam Cassio. vgl.
Plut. Cic. 18: ἐδέδοκτο τὴν βουλὴν ἅπασαν ἀναιρεῖν τῶν τ' ἄλλων
πολιτῶν ὅσους δύναιτο, τὴν πόλιν δ' αὐτὴν καταπιμπράναι φείδεσθαί
τε μηδενὸς ἢ τῶν Πομπηίου τέκνων). Weiter wurde bestimmt,
wer mit ins Feld zu ziehen, wer in Rom zu bleiben habe und ohne
Zweifel auch das Wann und Wie des Losschlagens besprochen (vgl.
Cic. Cat. III, 4, 8), endlich die Zeit des Abgangs hauptsächlich von
dem glücklichen Erfolg eines schon etwaigen Verraths wegen sogleich
auszuführenden Attentats auf Cicero abhängig gemacht, da dessen
Existenz Catilina nicht gestattete die Leitung der hauptstädtischen
Verschwörung in andere Hände übergehen zu lassen, ohne den Erfolg
des ganzen Unternehmens aufs Spiel zu setzen. Sein Bleiben
nach dem Misslingen dieses Anschlags lässt vermuthen, dass er an
dieser Bedingung festhalten, vielleicht auch den Emissären einige
Zeit zu ungestörter Wirksamkeit lassen wollte, und sein Erscheinen
im Senat am folgenden Tag zeigt, dass er bei dem thatsächlichen
Mangel an juridischen Beweisen seiner persönlichen Schuld es auch
jetzt noch für möglich hielt selbst im Hintergrund zu bleiben. Die
definitive Zerstörung dieser Hoffnung, das Zustandekommen seiner
thatsächlichen Aechtung durch Senat und Volk, die Beschleunigung
seines Abgangs und dadurch des Kriegs selbst, die die Verbreitung
des Aufstands über Italien erschwerte, beziehungsweise verhinderte
(wie denn Caeparius (Sall. 46, 3) und Autronius (Cic. p. Sull. 5, 17
vgl. 19, 53) nicht an ihren Bestimmungsort gelangten), und eben damit
die wesentliche Erleichterung seiner Unterdrückung (vgl. Cic. p. Sest.
5, 12) ist das Verdienst der Wirksamkeit Ciceros am 8. November.

Wie stimmt nun die Erzählung des Sallustius zu dieser auf
dem klaren und verständlichen Bericht Ciceros und der griechischen
Geschichtschreiber beruhenden Darstellung? Ea cum Ciceroni nuntiarentur, ancipiti malo permotus, quod
neque urbem ab insidiis privato consilio longius tueri poterat neque
exercitus Manli quantus aut quo consilio foret satis compertum habe-
bat, rem ad senatum refert iam antea volgi rumoribus exagitatum
(29, 1) lautet sein Bericht über die Veranlassung der Senatssitzung
des 21. Octobers und des damals zu Stande gekommenen Beschlüsses:
darent operam consules, ne quid respublica detrimenti caperet. Richtig
werden hiernach auch bei ihm die beiden Punkte der Berathung:
τὰ ἐν ἄστει γιγνόμενα und τὰ ἀπὸ τῆς Τυρςηνίδος unterschieden
und wahrscheinlich mit Recht beide der Tagesordnung des 21. Octobers zugewiesen, aber die der Stadt drohenden insidiae können ebensowenig auf die caedes optimatium als die Nachrichten über Manlius
auf die Ankündigung seiner Schilderhebung bezogen werden. Denn
statt irgend welcher bestimmten Angabe, dass es sich damals um
ein unmittelbar bevorstehendes, mehr auf die Häupter des Staats
beschränktes Blutbad und um die Combination dieser Action in der
Hauptstadt mit der Insurrection des Manlius gehandelt habe, finden
wir bei Sallust weder eine Hervorhebung der unmittelbaren Nähe des
Ueberfalls (vgl. dagegen Plut. Cic. 15: τῆς ὡρισμένης πρὸς τὴν ἐπί-
θεσιν ἡμέρας ἐγγὺς οὔσης), noch den geringsten Unterschied zwischen dem damaligen und dem späteren Plan gemacht; sondern wie
er schon seither die Absicht der Brandstiftung und die Vorbereitungen dazu vorzugsweise hervorgehoben hatte (24, 4; 27, 2), handelt es sich nach ihm auch jetzt nächst Ciceros Ermordung, die
immer im Vordergrund steht, in erster Linie um die Ansteckung der
Stadt (vgl. 32, 1: quod neque insidiae consuli procedebant et ab incendio intellegebat urbem vigiliis munitam). Da er somit auch in
diesem Punkt keinen Fortschritt vom Gelinderen zum Extremen
kennt, so hätte er, sollte man denken, wenn er wirklich überzeugt
gewesen wäre, dass für den 28. October die Anzündung der Stadt
und Massenmord geplant gewesen sei, hier schon diesen Plan in
einigermassen bestimmten Umrissen hervortreten lassen sollen. Indem nun aber er selbst 32, 2 den Catilina erst in der Nacht seines
Abgangs zum Heer den „Entschlossensten" unter seinen Genossen
(Lentulus hätte alsdann freilich ungenannt bleiben sollen vgl 43, 3.
58, 4. Cic. Cat. III, 3, 6) die auf Mord und Brand bezüglichen Ver-
haltungsmassregeln geben (s. oben S. 788) und in Folge hiervon erst
einige Wochen nachher die Möglichkeit der Ausführung dieses Plans
eintreten lässt (Sall. 43. 44, 6), zeigt er unverkennbar, dass er von
einem bestimmten, auf Ende October anberaumten Handstreich nichts
weiss, also noch weniger davon, dass Cicero am 21. ihn voran-
gekündigt hat. Positiv hat er dies selbst bestätigt, indem er den
ausserordentlichen öffentlichen und privaten (vgl. Cat. I, 3, 7. II,

12, 26) Wachdienst in der Stadt, der die Gefahr ihrer Anzündung zunächst beseitigt habe (Sall. 32, 1: quia ab incendio intellegebat urbem vigiliis munitam) erst in Folge eines nach dem 28. October gefassten Beschlusses ins Leben treten lässt (30, 7), ferner dadurch, dass er als zweiten Grund der Berufung des Senats Ciceros ungenügende Bekanntschaft mit der Stärke und den Absichten des Manlianischen Heers anführt. Denn die Thatsache, dass Cicero am 21. den genauen Termin der Schilderhebung des Manlius richtig vorausgesagt hat, macht es für sich allein unzweifelhaft, dass er über die Insurrectionsarmee überhaupt, vorzüglich aber über ihre Absichten aufs genaueste unterrichtet war. Und da ein Zweifel über diese Absichten doch nur dann obwalten konnte, wenn man nichts von dem Bevorstehen des Handstreichs in Rom wusste, so ist Cicero offenbar nach der Anschauung Sallusts am 21. nicht von der unmittelbaren Nähe einer gemeinsamen Action der Verschworenen in und ausserhalb der Stadt unterrichtet, beruft demnach den Senat genau aus dem Grund, dessen gerades Gegentheil die thatsächliche Ursache seiner Berufung war. Augenscheinlich ist es also reine Unkenntniss, was Sallust genöthigt hat sowohl das geschichtliche Detail als die geschichtliche Veranlassung jener Sitzung, die anonyme Denunciation des bevorstehenden Gemetzels, zu übergehen und nicht etwa Zweifel an ihrer Wahrheit oder die Annahme, dass Cicero selbst ihr Anstifter gewesen sei, eine Annahme, die viel Wahrscheinliches hat (s. u. S. 807 A. 60), aber die Thatsache des Mordplans, die durch die Schilderhebung des Manlius verbürgt ist, nicht im Geringsten in Frage stellt.

Wenn nun aber Sallust die wahre Veranlassung des S. C. ultimum nicht kannte, so war seiner Combination für die Erklärung des höchst bedeutsamen Ereignisses, dass der Senat nun endlich nach 1½jährigem Bestand der Verschwörung zu dem ungewöhnlichen und energischen Beschluss sich aufraffte, in der That jenes Attentat auf Cicero und die damit verknüpfte Versammlung bei Läca aus verschiedenen Gründen sehr nahe gelegt. Denn zur Herbeiführung dieses Beschlusses konnten, musste er sich sagen, die höchst unbestimmten Nachrichten aus Etrurien [53]) nicht ausgereicht haben, die Cicero nur

---

53) Die Worte: interea Manlius in Etruria plebem sollicitare, egestate simul ac dolore iniuriae novarum rerum cupidam, quod Sullae dominatione agros bonaque omnia amiserat; praeterea latrones cuiusque generis, quorum in ea regione magna copia erat; nonnullos ex Sullanis coloniis, quibus lubido atque luxuria ex magnis rapinis nihil reliqui fecerant (28, 4) sind in mehr als einer Hinsicht auffallend. Im Hinblick auf die Meldung Sallusts (27, 1), dass Manlius mit den übrigen Emissären nach der Wahl von Rom nach Fäsulä und in den dortigen Theil von Etrurien entsandt worden sei, kann man interea Manlius — sollicitare nur auf die Zeit zwischen der Wahl und dem 21. October beziehen und doch hindert die an sich seltsame Notiz, er habe auch manche sullanischen Colonisten, (die doch den Kern seines Heers bildeten), aufgewiegelt,

in den Stand setzten über die Thatsache von Aufwieglungen und über die Zusamensetzung des geworbenen Heeres, nicht aber über seine Stärke und Absichten (29, 1) bestimmte Aussagen zu machen und die überdies längst hätten eingetroffen sein müssen, da Manlius ja schon vor den Consularcomitien einen schlagfertigen Heerhaufen beisammen gehabt haben soll (27, 4). Und ebensowenig hätten die Mittheilungen, schon vor drei Monaten seien Sendlinge von Rom abgegangen, und Catilina selbst zeige eine verdächtige Rührigkeit, sei Tag und Nacht auf den Beinen (27, 1 f.), grossen Eindruck machen können, wenn Cicero hätte dazusetzen müssen, dass bis jetzt nichts Handgreifliches vorliege und anderswoher als von Etrurien bis jetzt nichts von Aufwieglungen verlaute. All das hätte ohne Beweise Angesichts der bisherigen Erfolglosigkeit einer angeblich rastlosen mehrmonatlichen Thätigkeit bei einem Senat, der schon bedenklicheren Gerüchten gegenüber apathisch geblieben, auf gerechte Zweifel stossen, oder — das S. C. ultimum schon früher herbeiführen müssen (vgl. iam antea volgi rumoribus exagitatum). Anders dagegen, wenn Cicero den Bestand der Verschwörung, seinen Bericht über ihre seitherigen Aeusserungen in und ausserhalb der Stadt und seine Befürchtungen durch die Denunciation einer Versammlung der Verschworenen, in der Catilina den Entschluss ausgesprochen habe zum Heer abzugehen, sobald er ihn selbst weggeräumt, und durch den Hinweis auf die unmittelbare Bestätigung, die in dem eben versuchten offenkundigen Angriff auf sein Leben vorlag, erhärten konnte.

Was konnte ferner der Voraussetzung, dass diese Ereignisse wirklich in jene Zeit gefallen seien, entgegenstehen, wenn das Epochemachende jener Versammlung, ihre Beziehungen zur Katastrophe und die unterscheidende Bedeutung des 21. Octobers und des 8. Novembers nicht verstanden wurde und nicht mehr verstanden werden konnte? Sallust verrückt ja nicht allein die Ereignisse des 7. Novembers, sondern das gesammte Stadium der Verschwörung, dem sie angehören und das sie gewissermassen einleiten. Denn so unzutreffend für die Sachlage unmittelbar nach der Consularwahl von 691 die Worte: Catilina constituit bellum facere et extrema omnia experiri, quoniam quae occulte temptaverat aspera foedaque evenerant sich gezeigt haben (s. o. S. 774), so treffend bezeichnen sie den Stand der Dinge, der nach dem Scheitern der Pläne des Octobers eingetreten war. Jetzt erst handelte es sich im eigentlichen Sinn des Worts um Krieg und die äussersten Gewaltmittel, um Mord und Brand. Jetzt erst wurden in Italien umher an Ort und Stelle Re-

diese Thätigkeit des Manlius kurzweg auf die Verstärkung der schon vor der Wahl geworbenen multitudo (27, 4) zu beziehen. Hiernach sollen vielmehr diese Worte nur den Leser unterrichten, aus welchen Bestandtheilen das Insurrectionsheer überhaupt, also auch jene „multitudo" zusammengesetzt gewesen sei, sind daher ein mit dem Context der Erzählung übel zusammenhängender Nachtrag (s. u. S. 804).

volten organisirt, ein Aufstand der Sclaven überhaupt (Cic. Cat. l,
11, 27), insbesondere aber die Mitwirkung der Gladiatoren in Rom
(Cat. II, 12, 26) und Capua (p. Sest. 4, 9) und der Hirten in Apulien (Cat. III, 6, 14) in Aussicht genommen, während es sich bis
dahin bei der auswärtigen Agitation zunächst jedenfalls nur um
Werbungen für die etruskische Insurrectionsarmee gehandelt hatte
und auch diese sich naturgemäss in der Hauptsache auf die Veteranencolonien beschränkt und insbesondere wiederum das nördliche
Etrurien und die diesem Agitationsheerd benachbarten Gegenden,
Umbrien (besonders das ehemals senonische Gebiet) und das nördliche Picenum in ihren Bereich gezogen hatten[54]). Sallust aber hatte
ja schon im Juli 690 die auswärtigen Anhänger Catilinas (17, 4:
multi ex coloniis et municipiis, domi nobiles) in Rom beisammen
sein, dann im Laufe dieses und des folgenden Jahres an geeigneten
Orten in Italien umher Waffenmagazine errichten (24, 2), also von
Anfang an im grossen Stil zum Krieg rüsten lassen. So steht seiner Anschauung und Darstellung nichts im Wege, dass nunmehr nach Catilinas
zweiter repulsa Emissäre nach allen Richtungen abgegangen seien, um
den Aufstand direct zu eröffnen (27, 1 und 4: qui initium belli facerent): C. Manlius nach Fäsulä und in die dortigen Gegenden Etruriens, ein gewisser Septimius aus Camerinum ins Picenische, C. Julius
nach Apulien, ausserdem andere an andere geeignete Orte. Indessen liegt hier nicht sowohl ein Anachronismus noch auch eigene
Erfindung des Geschichtschreibers als vielmehr nur wieder eine
falsche Auslegung einer geschichtlichen Thatsache vor. Denn offenbar waren diese „Entsendungen" nur durch die Anwesenheit jener
Nichtrömer bei der Wahl in Rom veranlasst. Erwiesen ist dies von
Manlius (vgl. Sall. 24, 2. Plut. Cic. 14), aber auch bei Septimius,
der in dem seiner Heimat benachbarten Picenum für die Verschwörung zu wirken hatte, liegt es deutlich genug zu Tage. Ohne Zweifel
waren also, wie Manlius, auch die übrigen unter Sulla Officiere gewesen, zur Unterstützung der Bewerbung ihres ehemaligen Commi-

---

54) Cic. p. Sull. 19, 53: hoc tempore (zur Zeit der Versammlung bei
Läca) cum arderet acerrima coniuratio — — ubi fuit Sulla? — — num in
agro Camerti, Piceno, Gallico, quas in oras maxime quasi morbus quidam
illius furoris pervaserat? nihil vero minus. Fuit enim — Neapoli; fuit
in ea parte Italiae, quae maxime ista suspicione caruit. p. Sest. IV, 9:
Idem (Sestius), cum illa coniuratio ex latebris atque ex tenebris erupisset
palamque armata volitaret (also Ende November oder Anfang December
691 vgl. V, 11), venit cum exercitu Capuam, quam urbem propter plurimas belli opportunitates ab illa impia et scelerata manu temptari suspicabamur: C. Merulanum, tribunum militum Antonii, Capua praecipitem eiecit, hominem perditum et non obscure *Pisauri et in aliis agri
Gallici partibus* in illa coniuratione versatum idemque C. Marcellum,
cum is non Capuam solum venisset, verum etiam se quasi armorum studio
in maximam familiam coniecisset, exterminandum ex illa urbe curavit.
Vgl. auch Cat. II, 12, 26; 3, 5 unten S. 798 A. 56.

litonen mit Veteranen ihrer Colonie nach Rom gekommen und bekamen nun, als sie in ihre Heimat zurückgiengen, Aufträge zu Werbungen für die Bildung eines Insurrectionsheers, wohl auch zu eventueller Vorbereitung, keinenfalls aber zu directer Eröffnung des Aufstands an Ort und Stelle mit. So erklärt sich nun einerseits, dass nach Ciceros ausdrücklichem Zeugniss erst in der Versammlung bei Läca die Emissäre zu directer Aufwieglung und Anführung der Insurgenten für die verschiedenen Districte Italiens bestimmt wurden und dass auch nach Sallust (42, 1) erst gegen den December hin in den beiden Gallien, Bruttium und Apulien sich unruhige Bewegungen zeigten, andererseits, dass dies geschäh, obwohl die eigentlichen Emissäre wenigstens zum Theil (s. o. S. 792 fin.) nicht an den Ort ihrer Bestimmung gelangt waren.

Desgleichen ist auch die Angabe Sallusts an sich nicht unglaubwürdig, dass schon in einer zwischen dem 29. October und Anfang November gehaltenen Senatssitzung auf das Gerücht von einem drohenden Sclavenaufstand in Capua und Apulien beschlossen worden sei Q. Metellus Creticus nach Apulien und Q. Pompeius Rufus nach Capua zu schicken (c. 30). Denn wenn auch die Thatsache directer Sclavenaufwieglung für jene Zeit schon dadurch unwahrscheinlich wird, dass Catilina, so lange noch nicht der extreme Weg der plumpen Zertrümmerung jeder staatlichen Ordnung eingeschlagen war, also bis zum Scheitern des auf Ende October geplanten Versuchs, selbst die mittelbare Mitwirkung eines Sclavenkriegs ausser Spiel lassen musste, wie er denn die directe Hilfe der Sclaven sogar bis zuletzt verschmähte (Sall. 44, 6. 56, 5 s. u. S. 817 f. A. 62), so war doch jenes Gerücht schon damals möglich und dass der ängstlich gewordene Senat ihm Glauben geschenkt hat, nicht unmöglich. Aber die sonstigen Unwahrscheinlichkeiten des sallustianischen Berichts über jene Sitzung machen die Angabe wenigstens zweifelhaft. Der Erklärung höchst bedürftig ist es nemlich, dass in jener Senatssitzung über die Verbreitung eines Sclaven- d. h. Gladiatorenaufstands in Capua berichtet und in ein und derselben Sitzung die Verlegung einzelner von den verdächtigen hauptstädtischen Fechterbanden (Cic. Cat. II, 12, 26) in diese Gladiatorengarnison, den berüchtigten Heerd der Sclavenaufstände (App. bell. civ. I, 116. Cic. p. Sest. 4, 9. ad Att. VII, 14, 2), beschlossen worden sei, ferner dass eben damals der Prätor Q. Pompeius Rufus mit der Befugniss nach Befund ein Heer auszuheben nach Capua geschickt worden sei und doch Ende November (vgl. Cic. Cat. I, 8, 21) oder Anfang December der Quästor P. Sestius mit einem Heer ebendahin beordert wurde und die Stadt in einem Zustand antraf, der es kaum glaublich erscheinen lässt, dass schon vorher ein militärisches Commando dahin dirigirt worden war (p. Sest. 4, 9 ff. ob. S. 796 A. 54). Da nun aber nur an der Gleichzeitigkeit der berichteten Thatsachen, nicht an ihnen selbst gezweifelt werden darf, so ergibt sich eben daraus, dass in einer Ende October gehal-

tenen Sitzung beschlossen wurde römische Fechter nach Capua zu
verlegen am schlagendsten, wie sehr man damals noch die Verschwörung auf die Hauptstadt und die nördlichen Districte beschränken durfte. Noch Anfang November war Campanien ea pars Italiae,
quae maxime ista suspicione caruit, und erst von Norditalien aus
kamen dann auch wahrscheinlich nach Metellus' Ankunft daselbst
(vgl. p. Sest. IV, 9: non obscure — — versatum) Agitatoren nach Capua
(vgl. ob. S. 796 A. 54), deren Thätigkeit Sestius ein Ende machte. Rufus
müsste also vor Ankunft des Sestius wieder abgegangen oder wahrscheinlicher erst an seine Stelle getreten sein (p. Sest. IV, 11).

Besonderer Prüfung bedürfte ferner die Frage, wie sich Sallusts
Meldung, der noch mit imperium vor der Stadt befindliche Consular
Q. Marcius Rex sei damals nach Fäsulä und Umgegend und zu gleicher Zeit der Prätor Q. Metellus Celer ins Picenische geschickt worden, mit der Angabe Plutarchs (Cic. 16) vereinigen lässt, dass
Cicero auf Grund der ihm am 21. October verliehenen Vollmacht dem
Q. Metellus die Oberleitung über die gesammte auswärtige Kriegführung
anvertraut habe. Diese Angabe nemlich wird von Cicero selbst ad
fam. V, 2, 1 [55]) direct und Cat. II, 3, 5 und 12, 26 [56]) insofern bestätigt, als Cicero am 9. November nur seine Entsendung und die
von ihm im picenischen und senonischen Gebiet veranstaltete Aushebung namhaft machte und von ihm allein auch die Unterdrückung
der Insurrection erwartete; ja auch Sallust stimmt insofern damit
überein, als er Q. Marcius Rex nur noch anlässlich der Correspondenz mit Manlius (32, 3—34, 1) erwähnt, sonst ausschliesslich
Q. Metellus Celer activ auftreten (42, 3) und beim Entscheidungskampf nur ihn neben Antonius mit drei Legionen (ohne Zweifel
den Gallicae legiones und einer neu von ihm ausgehobenen Cic. Cat.
II, 12, 26) dem Catilina gegenüberstehen lässt (57, 2). Jedenfalls
ist hiernach anzunehmen, dass Q. Metellus Celer, wenn er wirklich
erst gegen Anfang November von Rom abgieng, nicht bloss mit der
Befugniss, sondern mit der bestimmten Weisung im Picenischen und
Senonischen eine Aushebung zu veranstalten verschickt wurde —
sonst könnte nicht Cicero (s. A. 56) schon am 9. November diese
Aushebung als fait accompli bezeichnen —, Q. Marcius Rex dagegen ohne weitergehende Aufträge und Befugnisse nur zu einer Art

---

55) Cic. ad Q. Metellum: Illud adiunxi: mihi tecum ita dispertitum
officium fuisse in reipublicae salute retinenda, ut ego urbem a domesticis
insidiis et ab intestino scelere, tu Italiam et ab armatis hostibus et ab
occulta coniuratione defenderes.

56) Cic. Cat. II, 3, 5: Itaque ego illum exercitum prae Gallicanis
legionibus et hoc dilectu, quem in agro Piceno et Gallico Q. Metellus
habuit, et his copiis, quae a nobis cotidie comparantur, magno opere
contemno. 12, 26: Q. Metellus, quem ego hoc (Catilinae nocturnam excursionem) prospiciens in agrum Gallicum Picenumque praemisi, aut
opprimet hominem aut omnes eius motus conatusque prohibebit.

Beobachtungsdienst mit kleiner Mannschaft nach Etrurien commandirt worden ist. Wenn es sich nun aber bei Marcius nur um Kundschafter- oder vorläufigen Sicherheitsdienst handelte, so ist nicht abzusehen, warum Cicero, obwohl im Voraus über den Tag der Insurrection des Manlius unterrichtet, doch sich sollte bemüssigt oder genöthigt gesehen haben erst die Bestätigung dieses Ereignisses abzuwarten und sich von einem Senat, der es zum Theil mit Catilina hielt (Cat. I, 4, 9. II, 12, 26) und Catilina selbst noch zugänglich war, zu Massregeln erst bevollmächtigen zu lassen, die, wie diese oder z. B. die Sicherung der Festung Präneste, ebendadurch in ihrer Wirkung hätten beeinträchtigt werden müssen.

Noch sicherer ist es endlich, dass es nach dem S. C. ultimum nicht noch des besonderen Beschlusses bedurft haben kann: Romae per totam urbem vigiliae haberentur iisque minores magistratus praeessent oder dass dies wenigstens nicht erst in dieser Sitzung beschlossen wurde. Denn alsdann wäre dem Blutbad am 28. October ein Hauptbinderniss aus dem Weg geräumt gewesen (vgl. Cic. Cat. I, 3, 7. Dio 37, 31).

Diese Bedenken machen es höchst wahrscheinlich, dass Sallust bei dieser Gelegenheit die ihm bekannten militärischen Massnahmen zur Unterdrückung der auswärtigen und der hauptstädtischen Verschwörung zusammengestellt hat und daher, was die Zeit der einzelnen Thatsachen betrifft, nur so viel feststeht, dass er selbst sie jener Zeit angemessen befunden hat. Letzteres aber war nur die einfache Consequenz seiner Voraussetzung, einerseits dass Cicero am 21. October nichts Bestimmtes über die Absichten der Verschworenen zu sagen gewusst habe und desshalb zu der so unbegreiflichen als kläglichen Rolle verurtheilt gewesen sei von der ihm übertragenen ausserordentlichen Gewalt nicht den geringsten Gebrauch machen zu können (vgl. dagegen Cic. Cat. II, 12, 26. I, 1, 1. 3, 7 f.), andererseits dass der Aufstand schon seit der Wahl über Italien und darüber hinaus verbreitet und noch dazu, wie Sallust 42, 2 zur Erklärung des späten Erfolgs der Agitation, aber zur Erhöhung der Unwahrscheinlichkeit der Sache hinzufügt, von den damals ausgesandten Emissären mit unsinniger Ueberstürzung und Unvorsichtigkeit betrieben worden sei.

Wenn so Sallust die beiden Stadien der Verschwörung, als deren Wendepunkt die Versammlung bei Läca gelten kann, nicht unterschied, wenn er von dem auf Ende October geplanten Unternehmen nichts wusste, sondern für ihn Catilina von Anfang an der Mordbrenner ist, der zur Ausführung seines ein für allemal feststehenden Plans die Stadt und alle conservativen Elemente der Bevölkerung zu vernichten die Mitwirkung eines vom Nord- bis zum Südende Italiens (Sall. 42, 1) sich erstreckenden Aufruhrs in Aussicht genommen hatte, also schon darum nicht vor December losschlagen konnte, weil durch den Unverstand der Emissäre die Vorbereitungen nicht früher vollendet waren, dann konnte er freilich Catilina schon vor dem 21. October seinen Genossen gegenüber von den Anordnungen, die er für allseitige Eröffnung des Kriegs (27, 4) getroffen, und von dem Entschluss nach Wegräumung des Cicero selbst zum Heer abzugehen sprechen lassen und nun das Attentat zur Motivirung des S. C. ultimum und die für ihn im Uebrigen völlig unerklärliche Thatsache der vorzeitigen Schilderhebung des Manlius (vgl. 24, 2: qui postea princeps fuit belli faciundi) zur Einführung und Begründung der gesammten Gegenmassregeln des Staats gegen die nunmehr notorische auswärtige und städtische Verschwörung passend verwenden.

Ihm musste ohnedies der Gang der Ereignisse gerade in der Periode vom 21. October bis zum 8. November besonders räthselhaft bleiben. Denn wer, wie er, in Catilina seit 688 den Verschwörer κατ' ἐξοχήν sieht und seit 690 ihn der Urheberschaft einer organisirten Verschwörung verdächtig sein lässt, kann unmöglich verstehen, wie man wohl den Bestand der Verschwörung, nicht aber zugleich in Catilina ihr Haupt anerkennen konnte. Ganz folgerichtig nimmt daher auch Drumann V, 451 auf Grund der Darstellung Sallusts an, dass Catilina zwar nicht mit Worten, aber thatsächlich schon am 21. October geächtet worden, als Hochverräther dem Tode geweiht gewesen sei, aber eine befriedigende Erklärung, wie dann Catilina doch noch mehrere Wochen im ungestörten Genusse der Rechte des Bürgers und Senators hätte verbleiben können, wie er trotz der Bestätigung der offenen Schilderhebung seines „Spiessgesellen", trotz der Anerkennung seiner Verbindung mit den Gladiatoren in Rom und Capua und den apulischen Hirten (Sall. 30, 2; 7), trotz des panischen Schreckens, der sich in Folge davon in der gesammten Bevölkerung verbreitete (c. 31), selbst noch sollte für möglich gehalten haben seine Verstellungskünste fortzusetzen —, eine befriedigende Erklärung dieses von beiden Theilen unbegreiflichen Verhaltens konnte auch Drumann nicht gelingen (vgl. V, 451 f. 455). Berücksichtigen wir hingegen die freilich von Sallust fast durchweg übergangenen Thatsachen, dass in der ersten Senatssitzung über die Verschwörung am 21. October eine ζήτησις τῶν αἰτίων τῆς ταραχῆς beschlossen, Catilina selbst also nur stillschweigend oder in Andeutungen zum ersten Mal als Mitschuldiger verdächtigt wurde, dass ferner, als die Denunciation des Blutbads sich nicht bestätigte, die öffentliche Meinung sich sofort wieder zu seinen Gunsten entschied (Dio 37, 31), auf die Nachrichten aus Etrurien aber die Regierungspartei noch durch ein ordentliches Processverfahren seine und des C. Cethegus (Schol. Bob. p. 320) Schuld oder Nichtschuld constatiren lassen zu können meinte, dass endlich Catilina selbst die ganze Zeit über mit beispielloser Sicherheit auftrat, ohne Zweifel regelmässig im Senat erschien, den Process vorbereitete und etwa Anfang November sich in freie Haft begab, dann wird es sich, ohne dass die Schwäche und Inconsequenz der Regierung und der furor des Catilina in Anspruch genommen werden müsste, erklären lassen, warum die thatsächliche Anerkennung des Haupts der Verschwörung erst drei Wochen nach der officiellen Anerkennung ihres Bestands erfolgte und nicht früher erfolgen konnte. Hätte nicht Catilina auch nach dem Eintreffen der compromittirenden Nachrichten aus Etrurien nicht nur unter dem Volk, sondern auch im Senat einen starken Rückhalt an solchen gehabt, die in der Ueberzeugung, dass nicht er der eigentliche Schuldige sei, und weil thatsächlich auch jetzt noch die Beweismittel seiner persönlichen Schuld fehlten, auf seiner Seite standen, dann wäre es unfasslich, warum Cicero die Katastrophe nicht schon auf jene 'allgemeine Panik verbreitende' Nachrichten hin herbeigeführt, vielmehr um die Wirkung des 8. Novembers zu erzielen, noch der umfassendsten Vorbereitungen, besonders auch der Einwirkung auf das Volk durch Schrecken erregende Gerüchte (s. o. A. 51 S. 784) bedurft hätte; seltsam wäre dann auch die Angst des Consuls vor dem Vorwurf der Willkür und Gehässigkeit (Cat. II, c. 7), als Catilina wirklich die Stadt verlassen hatte, sowie dessen Versuche auch jetzt noch durch Gerüchte (Cat. II, c. 6 f.) und Briefe (Sall. 34 f.) sich als unschuldig Verfolgten hinzustellen, endlich, dass doch erst auf die Nachricht von seinem Pronunciamento hin seine und des Manlius Aechtung erfolgte, und jetzt erst in der Stadt allgemeine Trauer und Furcht Platz griff (Dio 37, 33). Offenbar hatte bis dahin immer noch die Meinung vorgeherrscht, dass die Gefahr, soweit eine solche vorhanden gewesen, mit den in der Hauptstadt und gegen das Insurrectionsheer getroffenen Sicherheitsmassregeln beseitigt sei. Dies war aber nur möglich, wenn die Verschwörung sich bis dahin nur als ein durch einen Handstreich auszuführender neuer Usurpationsversuch geäussert hatte, dagegen der Bestand eines anarchistischen Komplotts, das an sich seinen Urheber und seine Zwecke kennzeichnete, nur erst durch Ciceros Denunciation der bei Läca gefassten Beschlüsse, nicht aber durch die Aeusserungen eines von langer Hand vorbereiteten Vernichtungskriegs verbürgt war.

Sallust selbst aber brauchte allerdings, nachdem er einmal durch principielle Irrthümer sich das Verständniss des Entwicklungsgangs der Verschwörung abgeschnitten hatte, keinen Anstand zu nehmen das Räthsel dadurch vollends unlösbar zu machen, dass er Catilina schon vor dem 21. October bei Läca den Entschluss aussprechen lässt zum Heer abgehen zu wollen, wenn Cicero gefallen sei. Denn wie es kam, dass Catilina diesen Entschluss erst nach dem 8. November ausführte, obwohl der misslungene Mordversuch und dann das vorzeitige Losschlagen des Manlius sein Bleiben völlig zweckwidrig gemacht haben müsste, darüber hat er sich wohl überhaupt keine Rechenschaft gegeben; aber wie wenig er die Thatsache, dass Catilina gerade in der Nacht nach Ciceros Rede im Senat Rom verliess, gewürdigt hat, zeigt sich deutlich genug in den Gründen, die er für Catilinas Abreise aufführt. Allerdings ist sie ja nicht durch die Rede allein herbeigeführt worden, war vielmehr seit dem Scheitern des ersten Versuchs ohnedies nur noch eine Frage der Zeit; aber dass sie schon damals stattfand, war unbedingt die Folge der moralischen Wirkung der Enthüllungen Ciceros auf den Senat, der jetzt, zwar nicht wörtlich, wie Plutarch Cic. 16 und Dio 37, 33 meinen, aber thatsächlich Catilina verbannte, und nicht weniger auf Catilina selbst, dem die gänzliche Machtlosigkeit der bisherigen Versuchsweise gegenüber den Agenten des Consuls und die Schädlichkeit ferneren Bleibens für das Gelingen des ganzen Unternehmens (vgl. Cat. I, 2, 6) nun endlich völlig klar geworden sein musste. Sallust aber hat kein Wort gerechter Würdigung für dieses persönliche Verdienst Ciceros. Denn die ohnedies frostige Anerkennung der politischen Erspriesslichkeit seiner Rede (orationem habuit luculentam atque utilem reipublicae) wird dadurch völlig neutralisirt, dass er mit keinem Wort des ursächlichen Zusammenhangs der Abreise Catilinas mit der Senatssitzung des 8. Novembers gedenkt, sondern ausschliesslich militärische Opportunitätsrücksichten bei Catilina massgebend sein lässt. Und was für Rücksichten? quod neque insidiae consuli procedebant et ab incendio intellegebat urbem vigiliis munitam, optumum factu credens exercitum augere ac prius quam legiones scriberentur antecapere quae bello usui forent, nocte intempesta cum paucis in Manliana castra profectus est. Begreiflich zwar, weil völlig im Einklang mit seiner Gesammtdarstellung war die Annahme, dass die Enthüllung der Verschwörung eine Aenderung des Plans nicht — selbst nicht im Einzelnen (vgl. 32, 2: insidias consuli maturent) — hervorbringen, sondern nur quantitativ steigernd auf die Mittel seiner Ausführung habe einwirken können (vgl. 32, 1. f.: exercitum augere und quibus rebus possent opes factionis confirment; 39, 6); aber wenn Catilina wirklich nur desshalb ins Lager abgegangen wäre, weil er nunmehr für die ferneren Versuche den Consul zu morden seine persönliche Mitwirkung für weniger dringlich gehalten als für die rasche Verstärkung und Heranführung des Heeres — hätte denn alsdann der Entschluss zur Abreise nicht schon früher reifen müssen? War denn nicht nach Sallust das letzte Attentat auf Cicero schon drei Wochen zuvor und vorher schon eine Anzahl anderer misslungen (26, 2; 27, 2 f.)? War denn nicht die Stadt — nach ihm wenigstens seit Anfang November (30, 7) — durch Wachen vor Brandstiftung gesichert? Waren nicht seit eben der Zeit die Generäle der Regierung nach allen Zonen verschickt mit der Befugniss Heere auszuheben? Und jetzt erst 8—10 Tage nachher sollte ihm der Gedanke beigekommen sein ihren Aushebungen mit seinen Kriegsrüstungen zuvorkommen zu wollen? Jetzt noch sollte er gehofft haben ihnen zuvorkommen zu können, angenommen, er hätte wirklich nicht gewusst, dass die Aushebung des Q. Metellus

Celer im Picenischen und Senonischen damals bereits im Gange, wo nicht vollendet war (Cic. Cat. II, 3, 5) und dass die in Gallia cisalpina stehenden Legionen nur marschfertig gemacht zu werden brauchten? Wir sehen, Sallust hat keine Erklärung dafür, warum Catilina gerade damals die Stadt verliess. Alle von ihm angeführten Beweggründe stehen seiner Darstellung zu Folge in unmittelbarem zeitlichem oder ursächlichem Zusammenhang mit dem 21. October, so dass die Vorgänge des 8. Novembers so gut wie vollständig ihre Bedeutung verloren haben und ihre Wirkung unverständlich geworden ist.

Dass aber die Quelle, aus der diese Missverständnisse und Verschiebungen der wichtigsten Ereignisse, ja ganzer Perioden der Verschwörung geflossen sind, in den principiellen Irrthümern der Ansichten Sallusts über die Ursache der Verschwörung und die Zeit ihres Beginns zu suchen ist, lässt sich nicht wohl verkennen. Denn die Voraussetzung, dass Catilina schon von seinem ersten politischen Auftreten an die Pläne verfolgt habe, die er nach der Eröffnung des Bürgerkriegs zu verfolgen scheinen konnte, in der verhängnissvollen Verbindung mit einer höchst oberflächlichen Quellenbenützung musste es ihm schlechthin unmöglich machen die progressive Entwicklung der Verschwörung zu erkennen, ihre Stadien richtig zu unterscheiden und ihre Wendepunkte zu würdigen. Daher kann mit Recht behauptet werden, dass in letzter Instanz die chronologische Versetzung des Beginns der Verschwörung wie die meisten andern grossen und kleinen Anachronismen, Schiefheiten und Ungenauigkeiten, so auch die chronologische Versetzung der Versammlung im Hause des Läca und des Mordanschlags auf Cicero zur Folge gehabt hat.

Wir haben uns überzeugt, dass die Verrückung der Zeitgrenzen der catilinarischen Verschwörung auf Sallusts eigene Erzählung von verhängnissvollstem Einfluss gewesen ist. Da und dort haben wir auch zu beobachten gehabt, dass die Unwahrscheinlichkeiten, die das Auseinanderziehen eines in wenigen Monaten sich abspielenden Dramas über einen Zeitraum von fast zwei Jahren nothwendig im Gefolge hatte, sich ihm selbst fühlbar gemacht haben. Während aber die Gelehrten, die seiner Darstellung folgen, sich mehr Mühe gaben verständlich zu machen, wie von Seiten der Regierung ein solcher Verlauf der Verschwörung möglich gewesen sei, begnügt er selbst sich die Unachtsamkeit des Senats (16, 4 senatus nihil sane intentus) als eine günstige Chance für die Inangriffnahme des Unternehmens aufzuführen, ignorirt aber im Uebrigen diesen Gesichtspunkt in einer Weise, dass es entweder scheint, als habe er die Meinung erwecken wollen im damaligen Rom sei in dieser Hinsicht schlechthin alles möglich gewesen, oder als habe er solche nun einmal für ihn feststehende Thatsachen wie Naturereignisse hingenommen, die sich eben nur constatiren, nicht erklären lassen. Seine Aufmerksamkeit dagegen ist mehr der Verschwörung selbst zugewandt, deren ungemein zögernder Verlauf im Hinblick auf die Möglichkeit einer jahrelangen ungehinderten Vorbereitung überhaupt, aber besonders in der Periode unerträglich erscheinen musste, wo mit der letzten repulsa das letzte Hinderniss des definitiven Beginns weggefallen war. Während indessen Drumann und seine Nachfolger dieser Schwierigkeit auswichen, indem sie die Consequenz aus der sallustianischen Datirung des Anfangs der Verschwörung zogen und folgerichtig annahmen, dass die Consularcomitien in den Ausgang des Octobers gefallen seien, die Gelehrten aber, die die Unvereinbarkeit der beiden ciceronischen Stellen p. Mur. 25, 51 und Cat. I, 3, 7 erkannten, in der Möglichkeit die Zwischenzeit auf einige Wochen zu reduciren ein erwünschtes Auskunftsmittel fanden, hat Sallust selbst, eben im Bewusstsein, dass es sich hier um eine dreimonatliche Zwischenzeit handle, sichtliche Mühe darauf verwendet diese Pause passend auszufüllen und zu erklären. Da ihm an geschichtlichen Thatsachen nichts zu Gebot stand als die Rücksendung der sullanischen Centurionen (27, 1), entwirft er ein rhetorisches Phantasiegemälde (27, 2), verirrt sich in seiner Erinnerung zu später eingetretenen Ereignissen (27, 3 — 28, 3), erwähnt nachträglich die Bestandtheile, aus denen sich das Heer des Manlius zusammensetzte (28, 4) und greift, um alle Gerechtigkeit zu erfüllen, noch zu seinem beliebten, aber fast immer verrätherischen Mittel psychologischer Motivirung.

Es war natürlich, dass nach den Wahlcomitien für 692, wo es endlich Ernst wurde, das Tempo der Rüstungen sich beschleunigte. So wird dann von der nun beginnenden rastlosen Thätigkeit Catilinas eine lebhafte Schilderung gegeben 27, 2: interea Romae multa simul moliri: consulibus [57]) insidias tendere, parare incendia, opportuna loca

[57] Zu der Emendation consuli oder zur Auswerfung von consulibus als Glossem (s. Dietsch, Sall. 1859. I, p. 59) ist Angesichts der Uebereinstimmung der besten Handschriften sowohl an dieser Stelle als 26, 5: insidiae quas consulibus in campo fecerat kein Grund vorhanden. 26, 5 liesse sich der Pluralis daraus erklären, dass Catilina es in der Wahl auch auf die designirten Consuln abgesehen gehabt haben soll (Cic. Cat. I, 5, 11). In der Beibehaltung dieses Numerus in der gleich folgenden Stelle hätten wir alsdann nur wieder ein Beispiel der öfter zu beobachtenden (vgl. übrigens denselben Fehler bei dem Epit. Liv. lib. 102) Unachtsamkeit Sallusts, die Dietsch und andere offenbar nur eben aus Voreingenommenheit für den 'grossen Alten' nicht Wort haben wollen. Vgl. Sall. 28, 1: cum armatis hominibus sicuti salutatum introire, wobei nicht sowohl die Bewaffnung als das Gefolge der Morgenbesucher und dessen Miteintreten Anstoss erregt (die von Baur Corr. von 1870 S. 255 beigebrachten Stellen Cic. ad fam. VII, 28, 2. IX, 20, 3 beweisen nur, dass Cicero im J. 708 besonders stark überlaufen wurde); Sall. 42, 3: Gallia citerior statt ulterior. 18, 3: post paullo statt ante paullo s. meine Abhandlung im Rhein. Museum Bd. 31 S. 416. Sall. 18, 6: ea re cognita s. oben S. 711 A. 16. Sall. 22, 1: fuere ea tempestate qui dicerent s. oben S. 769 A. 46.

armatis hominibus obsidere: ipse cum telo esse, item alios iubere, hortari, uti semper intenti parati essent: dies noctisque festinare vigilare, neque insomniis neque labore fatigari. Aber da nun einmal die Geschichte vor dem Ende des Octobers keinerlei Erfolg dieser Thätigkeit zu verzeichnen hat, so sieht sich Sallust zur Constatirung dieser Thatsache (vgl. 27, 3: ubi multa agitanti nihil procedit) und zum Versuch ihrer Begründung veranlasst. An Catilina selbst jedoch, dessen persönliche Unermüdlichkeit ja eben mit besonders starken Pinselstrichen hervorgehoben war, konnte doch wohl die Schuld nicht gelegen sein; also musste es an den Mitverschworenen gefehlt haben. Daher wird denn in der Versammlung bei Läca, die eben durch die seitherige Erfolglosigkeit der Anschläge Catilinas begründet wird und deren rhetorische Verwendbarkeit für die Anbringung dieses Motivs eben darum auch zu ihrer chronologischen Versetzung mitgewirkt haben kann, dem Catilina eine längere Strafrede an seine Genossen wegen ihrer Unthätigkeit oder Feigheit in den Mund gelegt.

Aber was hat er eigentlich bis jetzt von ihnen erwartet? Was hätte bis dahin gelingen sollen und was war misslungen? Das Zustandekommen eines Attentats auf Cicero, worauf der Zusammenhang zunächst hinweist, hieng doch nach Sallusts eigener Darstellung weniger von Catilinas Genossen als von ihm selbst ab. Waren aber schon vorher Mordversuche gemacht worden und zwar von den höher stehenden Catilinariern selbst, so hatte es ja nur am Glück, nicht am Eifer und Muth gefehlt; und wenn es bis dahin bezahlte Banditen gewesen waren, die Catilina dazu benutzt hatte, so waren jene vollends unschuldig. Also muss es doch wohl der Ausbruch der Verschwörung selbst sein, den Sallust durch die Energielosigkeit der Verschworenen verzögert glaubt. Und damit stimmt seine Erzählung. Denn obwohl Catilina schon vor seiner zweiten repulsa zum Zweck des Mordens und Brennens in der Hauptstadt einen sehr starken Anhang an sich gezogen (24, 3 f.) und dann nach der Wahl in einer Weise für die Action gerüstet haben soll, dass er schon geeignete Plätze (nach dem Zusammenhang in der Stadt selbst) mit Bewaffueten habe besetzen lassen und seinen Genossen befohlen habe sich schlagfertig zu halten (27, 2), hinterlässt er doch bei seinem Abgang von Rom den Auftrag den Anhang zu verstärken und Mord und Brand und andere Greuel des Bürgerkriegs vorzubereiten (32, 2) und erst am Anfang des Decembers kann Lentulus dem Catilina die pünktliche Vollziehung dieses Auftrags (39, 6: eisdem temporibus Romae Lentulus, sicuti Catilina praeceperat, quoscumque moribus aut fortuna novis rebus idoneos credebat, aut ipse aut per alios sollicitabat, neque solum civis, sed cuiusque modi genus hominum, quod modo bello usui foret) und die Vollendung der Vorbereitungen in der Stadt anzeigen (44, 6). Wenn nun auch diese Vermehrung und Vervollständigung der Kriegsbedürfnisse in und ausserhalb Roms ihre zureichende Erklärung in dem unvorhergesehenen Dazwischentreten der Defensivmassregeln des Staats fände, so scheint doch auch hierin angedeutet zu sein, dass die Vorbereitungen bis zum Ende des Octobers noch nicht so weit gediehen gewesen waren, um das Losschlagen zu ermöglichen. Da nun die Zeit kein Hinderniss gewesen sein konnte, so waren die Personen dafür verantwortlich zu machen. Darum müssen die Genossen Catilinas in der Stadt, so seltsam es auch scheinen mag, dass sie, so lange sie sich noch unbeobachtet wussten, weniger Muth und Eifer gehabt haben sollen als nachmals während des Belagerungszustandes, faul und feig gewesen sein, die Emissäre aber, von deren Wirksamkeit die Möglichkeit der Action ebensosehr abhieng, durch Unbesonnenheit und Ueberstürzung den Erfolg ihrer Thätigkeit beeinträchtigt haben. Namque illi, quos ante Catilina dimiserat, sagt er 42, 2 von ihnen, inconsulte ac veluti per dementiam cuncta simul agebant: nocturnis consiliis, armorum atque telorum portationibus, festinando, agitando omnia plus timoris quam periculi effecerant.

Allein, wenn er auch sich selbst mit diesen Nothbehelfen eines oberflächlichen Pragmatismus befriedigt haben mag, wie war den Zeitgenossen gegenüber, die das Erzählte selbst erlebt, eine die Wahrheit so entstellende Darstellung möglich? Wie konnte Sallust das verzweifelte Unternehmen eines vom Consulat ausgeschlossenen, mit den Anarchisten sich verbündenden Patriciers, das, obwohl zum Bürgerkrieg ausartend, doch in einem halben Jahr sich abwickelte, aufbauschen zu einem planvollen, Anfangs sogar auf breiterer Basis angelegten (vgl. Sall. 21, 3) als später ausgeführten, über zwanzig Monate sich hinziehenden Umsturzversuch eines herrschsüchtigen Scheusals? Dass er es konnte, ist einerseits das Verdienst Ciceros, dessen fortwährende übertriebene Auslassungen wohl geeignet waren nach und nach eine irrige Meinung über Umfang und Ziele der Verschwörung zu verbreiten[58]), andererseits die Folge der Gleichzeitigkeit, beziehungsweise des Vorangehens der Umsturzversuche des Crassus und Cäsar. Seit 688 war, wie Mommsen treffend sagt, die Verschwörung in Rom in Permanenz gewesen; seit Cicero die Partei des Senats ergriffen, hatte er unaufhörlich dieses Schreckgespenst seinen Zuhörern vorgehalten (Cic. in tog. cand. p. 94, 18. de leg. agr. I, 9, 26; II, 3, 8. p. Rab. perd. I, 2; II, 4; XII, 33. s. u. S. 813). Damals wusste freilich jedermann, mit wem man es zu thun habe. Und eben die natürliche Voraussetzung, dass Crassus und Cäsar auch bei Catilinas zweiter Bewerbung und bei der neuen Bewegung

---

58) Vgl. Cic. Cat. IV, 3, 6: Latius opinione disseminatum est hoc malum: manavit non solum per Italiam, verum etiam transcendit Alpes et obscure serpens multas iam provincias occupavit. Cat. I, 1, 3: Catilinam orbem terrae caede atque incendiis vastare cupientem; 4, 9; 5, 12. IV, 1, 2. p. Mur. 37, 78 u. 80. p. Sull. 11, 33.

der catilinarischen Verschwörung. 807

mit im Spiele seien (Plut. Cic. 15. Sall. 48 f.), andererseits der Umstand, dass auch sie, was eine bewaffnete Insurrection betrifft, seither grundlos verdächtigt scheinen konnten, war es ohne Zweifel hauptsächlich, was die geheimen Anfänge der catilinarischen Verschwörung schützte und den langen vergeblichen Kampf Ciceros theils mit dem 'Unglauben' theils mit der 'Furcht' des Senats veranlasste⁵⁹). Nachdem aber Crassus (Plut. Cic. 15)⁶⁰) sowohl als Cäsar (Suet. Caes. 17) durch Denunciationen sowie durch die Uebernahme der Bewachung verhafteter Catilinarier (Sall. 47, 4) die Verschwörung ihrerseits desavouirt hatten, und Catilina selbst durch die Ergreifung der Fascen und durch die Qualität des Unternehmens an sich (vgl. Dio 37, 35) als ihr Haupt legitimirt war, da war es natürlich, dass auch seine Betheiligung bei den vorausgehenden Revolutionsversuchen bei vielen in ein anderes Licht trat und so sich die Möglichkeit bot Cäsar und Crassus auf Kosten Catilinas zu reinigen. Während nun aber Cicero je nach Bedürfniss Catilinas Verschwörung engere oder weitere Zeit- und Raumgrenzen anwies (s. o. S. 727 ff.), für gewöhnlich jedoch gegen seine bessere Ueberzeugung alles, was von 688 an Verschwörung heisst, in Bausch und Bogen auf Catilina zurückführte (Cat. I, 7, 18. 13, 31. p. Mur. 38, 82. p. Sull. 24, 67), hat Sallust unter dem Einfluss seines Strebens nach Wahrheit die erste Verschwörung zwar so, dass Catilina auch als ihr Urheber erscheinen kann, aber doch nicht als zur eigentlichen catilinarischen Verschwörung gehörig dargestellt, diese dagegen mit gutem Grund und nicht ohne Wahrscheinlichkeit schon vor den Consularcomitien für 691 beginnen lassen. Denn einmal war es geschichtliche Thatsache, dass mit dem Consulat des Catilina und Antonius staatsfeindliche Absichten hätten verfolgt

59) Cic. p. Mur. 25, 51: nam partim ideo fortes in decernendo non erant, quia nihil timebant, partim quia timebant. Cat. I, 12, 30: nonnulli sunt in hoc ordine, qui aut ea quae immineut non videant aut ea quae vident dissimulent: qui spem Catilinae mollibus sententiis aluerunt coniurationemque nascentem non credendo corroboraverunt: quorum auctoritatem secuti multi non solum improbi, verum etiam imperiti, si in hunc animadvertissem, crudeliter et regie factum esse dicerent.
60) Plut. Cic. 15: (Κράσσος) ἧκεν εὐθὺς πρὸς τὸν Κικέρωνα, πληγεὶς ὑπὸ τοῦ δεινοῦ, καί τι τῆς αἰτίας ἀποδυόμενος, ἣν ἔσχε διὰ φιλίαν τοῦ Κατιλίνα. Die Angabe Plutarchs, dass alle Briefe bei Crassus abgegeben worden seien, und die Beachtung des Umstands, dass Crassus selbst wohl nichts von dem Mordanschlag des 28. Octobers zu befürchten gehabt hätte, auch wenn er in Rom geblieben wäre, Männer dagegen wie M. Marcellus (vgl. Cic. Cat. I, 8, 21. Drum. II, 393) ernstlich bedroht waren, legt die Vermuthung nahe, dass die Briefe nicht von der Seite der Verschworenen ausgegangen sind, sondern von der Seite Ciceros, der Crassus zu einer öffentlichen Dementirung des Verdachts, er sei auch jetzt wieder betheiligt, Gelegenheit geben oder, wenn er ihm absichtlich die Briefe zu Tisch (μετὰ δεῖπνον) zuschickte, ihn vielleicht sogar dazu nöthigen wollte, um dadurch freie Hand gegen Catilina zu bekommen und den Senat zu dem Angesichts der bevorstehenden Action dringend nothwendigen S. C. ultimum zu vermögen.

Jahrb. f. class. Philol. Suppl. Bd. VIII. Hft. 3.   53

werden sollen, und dass die Aufmerksamkeit auf diese Gefahr, die
zu schärfen sich besonders auch Cicero in seiner Candidatenrede
angelegen sein liess, Catilinas damalige repulsa herbeigeführt hat.
Wer nun, wie Sallust, diese revolutionären Absichten nicht Crassus
und Cäsar, sondern Catilina vindicirte und so das wahre Verhältniss
der Interessenten umkehrte (vgl. Sall. 17, 7), für den ergab sich
daraus jene Datirung von selbst. Ausser dieser historischen Grundlage
aber kam der Annahme, die Anstiftung der Verschwörung sei
in die Zeit der ersten definitiven Bewerbung Catilinas gefallen, auf
halbem Weg die Voraussetzung entgegen, dass Catilina von jeher
selbst herrschsüchtige Pläne verfolgt habe. Nun könnte freilich an
sich der chronologische Irrthum ebenso gut grundlegend gewesen
sein und erst den andern nach sich gezogen haben, dass Catilina
nicht erst aus Rache und Verzweiflung über die Zurückweisung vom
Consulat, sondern in der planvollen Absicht durch das Consulat zur
Monarchie zu gelangen und desshalb zur Zeit seiner ersten Bewerbung
sich verschworen habe. Aber weit wahrscheinlicher ist es,
dass die Ursache der Verschwörung für Sallust a priori festgestanden
und das hierauf bezügliche Vorurtheil von verhängnissvollem
Einfluss auf die Bestimmung ihrer Veranlassung und ihres Anfangs
gewesen ist. Denn eine Darstellung, die die Verschwörung aus der
Herrschsucht und sittlichen Verworfenheit eines einzelnen entstehen
(5, 1—6), auf die allgemeine Demoralisation sich stützen (5, 8 ff.),
durch financielle Bedrängniss und Gewissensbisse des Urhebers beschleunigt
werden (5, 7. 15, 3 f.) und nachdem derselbe genug
Seinesgleichen an sich gezogen und herangebildet (c. 14. 16, 1—4),
sie beginnen lässt, entsprach vollkommen dem Sallust eigenthümlichen
psychologischen Pragmatismus (vgl. z. B. Hist. I, 51, 7; 11 ed. Kritz
mit Cat. 5, 7. 14, 3. 15, 4) und der moralisirenden Tendenz seiner
Geschichtschreibung überhaupt und seines Catilina insbesondere.

Er schreibt ja, wie er offener, aber auch mit mehr Grund als
vielleicht irgend ein römischer Geschichtschreiber bekennt, nicht um
der Thatsachen und ihrer treuen Ueberlieferung selbst willen, sondern
der ethischen und ästhetischen Wirkung wegen, die er durch ihre
Darstellung erreichen zu können hofft. In diesem Sinn führt er die
novitas sceleris atque periculi (4, 4) als den Beweggrund an, der
ihn bei der Auswahl des Stoffs geleitet habe, und bezeichnet als
allgemeines Motiv seiner Geschichtschreibung das Streben durch
sittliche Veredelung (Jug. 4, 5 ff.) in einer den practischen Berufsarten
ebenbürtigen Weise gemeinnützig zu wirken, mit andern Worten,
die ächt römische Begierde nach einem durch edle Beschäftigung
verdienten Ruhm, den er sich, da der politische ihm versagt war, mit
der Feder zu erringen suchte (Cat. 2, 9—4, 2. Jug. c. 2—4). Daraus
und dass er für Römer schrieb, erklärt sich zur Genüge einerseits
seine vorwiegende Rücksicht auf die Form der Darstellung: die
Effectmittel der Kürze und Archaismen, die rhythmische Gliederung

der Sätze, die Anbringung von Einleitungen, Reden und Charakteristiken, kurz die glänzende rhetorische Ausstattung seiner Werke, andererseits die reflectirenden Digressionen und die moralisirende und polemische Haltung seiner Geschichtschreibung im Ganzen. Angesichts dieser dem Interesse für das Sachliche abgekehrten und hinderlichen Tendenz des Schriftstellers sollte man nun aber auch billigerweise darauf verzichten Sallust als Geschichtschreiber im modernen Sinn in Schutz zu nehmen und die geschichtliche Treue als einen der Hauptvorzüge seiner Schriften hervorzuheben. Denn nicht wer den Werth derselben als Geschichtsquellen mit dem sich alle Zeit gleichbleibenden Massstab historischer Kritik misst, sondern wer den Schwerpunkt der Schätzung seiner Werke, besonders seines Catilina, in deren historiographische Bedeutung verlegt sehen will, der ist ungerecht gegen Sallust. Auch im Jugurtha hat das rhetorische Interesse und die ethisch-politische Tendenz die Rücksicht auf das historische Detail stark beeinträchtigt (vgl. Madvig op. ac. II, 1842 p. 349. Mommsen, R. G. II^5, S. 149 f. A. 159. A. Hermes I, 427 ff. Kratz, Jahrb. f. class. Phil. Bd. 91 S. 843); aber noch weit mehr ist dies in seinem Erstlingswerke der Fall. Und da die Darstellung der catilinarischen Verschwörung schlechterdings nur dann gelingen konnte, wenn die Aufmerksamkeit des Geschichtsschreibers vorzugsweise auf das Sachliche gerichtet war, so hätte Sallust nicht leicht einen Stoff wählen können, dem er weniger gewachsen war. Denn hier, wo die Chronologie und überhaupt das geschichtliche Detail von fundamentaler Bedeutung für die Gesammtauffassung ist, wo der Geschichtschreiber für die Schilderung der bedeutungsvollsten Thatsachen auf Gerüchte oder die Angaben eines selbst dabei betheiligten Gewährsmanns angewiesen war, konnte es nicht genügen die Wahrheit, wo sie auf der Hand lag, nicht zu entstellen, wo sie aber nur auf der Hand zu liegen schien, lieber die Combinations- und poetische Gestaltungsgabe in Anspruch zu nehmen als, auf die Gefahr hin minder tactvoll und unparteiisch zu erscheinen, die Nachrichten jenes Gewährsmanns kritisch zu prüfen oder mit Ueberwindung einer freilich höchst entschuldbaren Antipathie ihn überhaupt eingehender zu Rathe zu ziehen. Aber auch wenn Sallust die Wahrheit ernstlich suchte, konnte er sie meist nicht finden, weil ihm kritischer Scharfblick als Geschichtschreiber überhaupt und Unbefangenheit des Urtheils als Parteimann und Zeitgenossen in hohem Grade mangelte.

Ist ja doch sein Catilina geradezu für eine politische Tendenzschrift im Interesse Cäsars und der demokratischen Partei erklärt worden (Mommsen, R. G. III^5, 183 u. A.). Und allerdings kommt eine Darstellung, die die Entstehung und Inangriffnahme der Usurpationspläne Catilinas vor und in die Zeit seiner directen Betheiligung an den revolutionären Umtrieben des Crassus und Cäsar verlegt, die ihn von vorn herein an die Spitze einer selbständigen anarchistischen

Partei treten lässt und durch Scheidung der Parteien nach moralischen Gesichtspunkten und Vernachlässigung der politischen Beziehungen eine unübersteigliche Kluft zwischen ihm und der Gesammtheit der Anständigen herstellt, offenbar einer indirecten Apologie Cäsars und der demokratischen Partei oder einer geschickten Desavouirung ihrer ehemaligen Verbindung mit Catilina gleich. Auch lassen sich für den Charakter der Schrift als Parteischrift mit gutem Recht die directen Ausfälle gegen die Optimatenpartei (11, 4. c. 12 f. vgl. mit 20, 7 ff. 52, 5. — 23, 6. 30, 4. c. 38 f. vgl. auch 17, 3—6) und die indirecten gegen Pompejus (19, 5. 30, 4 vgl. Vellej. II, 34. Sall. 39, 4) und für ihre tendenziöse Haltung besonders die ungleiche Behandlung der gleich belasteten Revolutionäre Cäsar und Crassus anführen, sofern er letzteren dringend zu verdächtigen keinen Anstand nimmt (17, 7. 19, 1. 48, 5; 8), von den auf Cäsar bezüglichen Gerüchten aber gerade da, wo sie ihn mit Grund beschuldigten (s. o. S. 724 u. 769), keine Notiz nimmt. Allein gegen die Annahme, dass der eigentliche Zweck der Schrift ein apologetischer gewesen, wird mit Recht geltend gemacht, dass zur Zeit ihrer Abfassung ('nicht vor 711 43') und Herausgabe ('etwa 712 42' Teuffel, R. L. § 205, 2) kein ernstlicher Grund zu einer Apologie Cäsars mehr vorgelegen sein kann, namentlich aber dass unter dieser Voraussetzung bewusste Fälschung der Geschichte bei Sallust angenommen werden müsste (vgl. Kratz, Jahrb. f. class. Phil. Bd. 91. S. 837). Denn wenn die von Sallust selbst declarirten edlen Zwecke seiner Schrift und ihre consequente Durchführung nur zur Verhüllung der apologischen Tendenz hätten dienen sollen, so müsste er selbst den directen Weg der Vertheidigung für unzugänglich gehalten haben. Und dann würde ein so geschickt durchgeführter Versuch Parteiansichten unter dem Deckmantel politischer Tendenzlosigkeit und Unparteilichkeit (4, 2 f. 18, 2. vgl. Hist. fr. I, 6) einzuschwärzen eine Abgefeimtheit und sophistische Gewandtheit des Schriftstellers voraussetzen lassen, die seiner geistigen Individualität, wie sie sich deutlich genug in seinen Werken ausprägt, völlig widerspricht. Gewiss hat er vielmehr seinem Ziele so wahrheitsgetreu als möglich über die Verschwörung zu schreiben insoweit nachgestrebt, dass er in dem, was er erwähnte, wissentlich die Wahrheit nicht entstellte, und, wie wir gesehen, in seinem Bericht über die Verschwörung von 688 einen unverkennbaren Beweis von seinem Streben nach Unparteilichkeit geliefert; aber bei seiner Voreingenommenheit für Cäsar und seine Partei war eben eine wahrheitsgetreue Darstellung der Vorgeschichte Catilinas für ihn schlechthin nicht möglich. Denn seine Darstellung musste der natürlichen Einwirkung des politischen Parteistandpunkts und der persönlichen Sympathieen und Antipathieen darum in besonders hohem Grad unterliegen, weil die Unterlassung kritischer Vergleichung der Quellen es ihm sehr erleichterte sich kurzweg für die Version der Ueber-

lieferung zu entscheiden, die seiner vorgefassten Meinung am meisten
entsprach, nichtentsprechende Nachrichten aber ohne Weiteres un-
berücksichtigt zu lassen. Wie hervorragend in der That theils Versäumniss theils Oberflächlichkeit der Quellenbenützung bei seinen
Verstössen betheiligt ist, zeigt sich auch darin, dass die Irrthümer,
Ungenauigkeiten und Lücken seiner Darstellung fast durchweg der
Periode vor Eröffnung des Bürgerkriegs angehören, welche Quellen-
forschung und Kritik besonders unentbehrlich machte, von da an aber
verschwinden, wo seine eigene Erinnerung ihm genaueres Studium
der Quellen ersparte. Ueber die Geschichte der Verschwörung vom
Ausbruch des Bürgerkriegs an ist seine Erzählung eine brauchbare [61])
und besonders durch die Briefe werthvolle Quelle, seine Schilderung
der vorangehenden Periode aber hat für den Geschichtsforscher nicht
mehr Werth als ein historischer Roman und wirft geringere Aus-
beute ab als selbst die kurzen Berichte der secundären Quellen
Plutarchus und namentlich Cassius Dio, dessen in der Hauptsache
wahrscheinlich Livius folgende Erzählung an sich einer Verurtheilung des gleichfalls von ihm benützten Sallust gleichzuachten ist
und als Zeugniss für die Besonnenheit seiner eigenen Kritik registrirt
zu werden verdient.

Die Geschichte der catilinarischen Verschwörung, darin hat
Ihne Recht, ist noch zu schreiben, aber nicht weil seither Catilina

---

61) Die Brauchbarkeit wird nur dadurch beeinträchtigt, dass Sallust
fast mehr noch als vorher (vgl. 17, 1. 18, 5 f. 30, 1) das Zeitverhältniss
der Ereignisse zu einander nur anzudeuten pflegt und auch sonst der
Combination des Lesers zuweilen zu viel anheimstellt. So lässt sich das
Festhalten des Lentulus (Sall. 44, 6. Cic. Cat. III, 4, 8) und anderer Verschworener (Sall. 48, 4) an dem ursprünglichen Plan, nach dem Catilina
sich der Stadt unmittelbar nähern sollte, ehe losgeschlagen würde (32,
2; 43, 2) — einem Plan, von dessen Aenderung auch Cicero nichts weiss
p. Mur. 39, 85. Cat. IV, 2, 4. 6, 12 f. — nur dann mit der an sich
glaubwürdigen Angabe Sallusts vereinigen, dass Catilina nach der Ankunft des Heeres des Antonius ein selbständiges Losschlagen der Verschworenen in Rom, sowie Succurs von dort erwartet und sich desshalb
nur noch in relativer Nähe der Stadt gehalten habe (56, 4. 58, 4), wenn
angenommen wird, dass bei den Häuptern der Verschwörung in der
Stadt nicht nur Uneinigkeit herrschte (Sall. 43, 3. Cic. Cat. III, 4, 10),
sondern auch eine fast unerklärlich mangelhafte Kenntniss der Lage und
Absichten Catilinas vorhanden war. (Vgl. im Allgemeinen über diese
Frage: Baur, Corrspdzb. v. 1870 S. 205 ff. 252 ff.) — Ganz unmotivirt
aber sind die auf Fehlschlüsse und Missverständnisse sich gründenden
Vorwürfe, die Hagen S. 248 f. 313 ff. gegen Sallust wegen seines Berichts
über das Verhör des Volturcius (47, 1) und wegen seiner angeblichen
Reducirung der drei Tage zwischen der Verhaftung der Allobroger an der
Mulvischen Brücke und der Hinrichtung der Verschworenen auf zwei Tage
erhebt, sowie die abenteuerliche Behauptung (Hagen S. 283. 313 ff.), die
Sitzung des 5. Decembers sei durch einen Auflauf unterbrochen worden,
wovon nur Appian bell. civ. II, 5 etwas weiss, aber auch dieser nur aus
dem einfachen Grund, weil er Verhaftung, Verhör, Verurtheilung und
Hinrichtung der Verschworenen — alles an einem Tage stattfinden lässt.

und sein Unternehmen, wie er meint, zu nieder taxirt, sondern im
Gegentheil meist überschätzt worden ist, dadurch dass der Unterschied der ersten und der catilinarischen Verschwörung verkannt
und daher die von 688 bis 691 sich hinziehende crassisch-cäsarische
Verschwörung mit der catilinarischen theils im Anschluss an Sallust
(vgl. 17. 7. 21, 3) vermengt (Drumann, Lange), theils combinirt
(Mommsen), theils nach Plutarchs Vorgang identificirt (Ihne) worden ist. Vorzugsweise musste begreiflich die zeitliche Versetzung
des Anfangs der catilinarischen Verschwörung zur Verwischung jenes
Unterschieds beitragen. Denn die Beurtheilung und Begründung
der Thatsache, dass Catilina im J. 690 seine Verschwörung unter
den Auspicien des Crassus und Cäsar organisirt habe, musste für
die Frage massgebend sein, ob er Urheber beider Verschwörungen
sei oder sie. Da aber diese Frage auf eine ganz falsche Voraussetzung sich gründete, so war die Entscheidung, mochte sie fallen,
wie sie wollte, nicht ohne Inconvenienzen möglich, die sich denn
auch deutlich in den Darstellungen der genannten Gelehrten fühlbar machen.

Wenn nemlich Drumann (V, 393; 414. II, 89 fin. f.) und
Lange (R. A. III, 218; 225 f.) beide Verschwörungen auf Catilina
zurückführen und in der zweiten nur eine 'nach einem grösseren
Massstab und in einer gereizteren Stimmung' ins Werk gesetzte
Wiederaufnahme seines misslungenen Versuchs erkennen sich, wie
Drumann V, 414 mit beachtungswerther Abweichung von Sallust
annimmt, den Weg zu willkürlicher Verwaltung des Consulats und
einer Provinz oder, wie Lange III, 226 im Anschluss an Sallust
und Appian sagt, zu illegitimer Gewaltherrschaft zu bahnen, so
machen sie den Entwicklungsgang der Verschwörung zu einem
wahren Labyrinth. Denn in diesem Fall hätte Catilina im J. 688
auf die Zurückweisung seiner Bewerbung hin bereits den 'einzigen'
(vgl. Drumann V, 393) Weg zu seinem Ziel zu gelangen in der gewaltsamen Aneignung des Consulats erkannt, dann aber drei Jahre
hindurch mit beispielloser, durch Processe und Wahlniederlagen unentwegter Geduld die Ausführung seines Plans von der capriciösen
Bedingung abhängig gemacht haben auf gesetzmässigem Weg zum
Consulat zu gelangen. Da ferner Drumann III, 177. V, 418; 430
wie Lange III, 223; 230 ff. die Thatsächlichkeit der Umsturzpläne des
Cäsar und Crassus und gleichzeitig stattfindender Beziehungen zu
Catilina anerkennen aber ein directes Zusammenwirken derselben
nicht zugestehen wollen, so muss sich Drumann IV, 86. V, 450
darauf beschränken die Anstrengungen jener beiden für Catilinas
und gegen Ciceros Wahl damit zu begründen, dass Cäsar gefürchtet
habe, Cicero werde als Consul aufhören Demokrat zu sein und
Crassus den Lobredner des Pompejus gehasst habe; Lange III, 228
aber sieht sich, wie es scheint, durch die Unwahrscheinlichkeit der
Coincidenz jener Unterstützung und der Stiftung eines über Italien,

Spanien und Maurctanien verzweigten geheimen Bundes zu dem
seltsamen Ausweg veranlasst 'die festere Organisation der Verschwörung' d. h. die Beizichung und Vereidigung neuer Mitglieder
zu den seit 688 mit Catilina Verschworenen den Consularcomitien
für 691 unmittelbar nachfolgen zu lassen, hat somit nun auch
Sallusts und Plutarchs Autorität gegen sich, die Ciceros aber keineswegs für sich. Denn dass Cicero 'schon als consul designatus' von
der Verschwörung gewusst habe (Lange III, 230), dafür können
doch die nachträglichen Hyperbeln und Hallucinationen Ciceros, der
schon als designirter Consul auf Schritt und Tritt von Catilinas
Dolch bedroht gewesen sein will (Cat. I, 5, 11; 6, 15), nicht als
Beweis gelten, schon weil selbst die Thatsache geschehener Mordversuche für den Bestand der Verschwörung nichts bewiese. Die
andere Belegstelle aber, die Lange anführt, Cic. de leg. agr. I, 9, 26:
multa sunt occulta rei publicae vulnera, multa nefariorum civium
perniciosa consilia, nullum externum periculum est, non rex, non
gens ulla, non natio pertimescenda est; inclusum malum, intestinum
ac domesticum est berechtigt, wie auch Drumann V, 434 zuzugeben
geneigt ist, nicht zu der Annahme, dass Cicero hier auf Beziehungen
des intellectuellen Urhebers der servilischen Rogation zu Catilina und
seiner Verschwörung anspiele. Denn selbst in der scheinbar noch viel
significanteren Stelle de leg. agr. II, 3, 8: ego qualem Kal. Jan.
acceperim rempublicam, Quirites, intellego: plenam sollicitudinis,
plenam timoris, in qua nihil erat mali, nihil adversi, quod non boni
metuerent, improbi exspectarent (vgl. ibid. I, 8, 23). *Omnia turbulenta consilia contra hunc reipublicae statum* et contra otium vestrum
partim iniri, partim *nobis consulibus designatis inita esse dicebantur*
(vgl. II, 37, 102.). Sublata erat de foro fides, non ictu aliquo novae
calamitatis, sed suspicione ac metu: perturbatione iudiciorum, infirmatione rerum indicatarum (vgl. II, 4, 10) novae dominatione,
extraordinaria non imperia, sed regna quaeri putabantur, gleichwie
in den zahlreichen andern Stellen jener consularischen Reden, wo
alle die später gegen Catilina gebrauchten Schlagwörter: intestina
mala, domestica consilia (p. Rab. perd. 12, 33; de leg. agr. I, 9, 26
vgl. mit Cat. II, 5, 11), pestis ac pernicies civitatis (p. Rab. 1, 2),
improborum furor et audacia (p. Rab. 2, 4; de leg. agr. I, 7, 22) eine
häufige Verwendung finden, ist nichts anderes zu erkennen als das
berechtigte und einsichtsvolle Bestreben Ciceros alle jene von Cäsar
geleiteten tribunicischen Machinationen als Aeusserungen eines Umsturzplans darzustellen, der auf dem Weg systematischer Angriffe
auf die Staatsordnung das Ziel der Alleinherrschaft verfolge (vgl.
Plut. Caes. 4). Weist doch die Bezeichnung seiner Gegner mit isti
harum omnium rerum machinatores (de leg. agr. I, 5, 16; vgl. II,
9, 23. I, 7, 22: Rullus atque ii, quos multo magis quam Rullum
timetis) durch ihre Unbestimmtheit an sich darauf hin, dass er dabei
andere als Catilina im Auge hat. Uebrigens gibt Lange selbst zu,

dass von den tribunicischen Agitationen nur wenige von Catilina
ausgegangen seien. Aber auch diesen 'wenigen' musste der catilinarische Ursprung eben nur der unhaltbaren Voraussetzung einer
coordinirten revolutionären Thätigkeit Catilinas und Cäsars zu lieb
octroyirt werden. Denn dass diese Voraussetzung an sich unhaltbar
ist, thut sich am besten in dem Halbdunkel selbst kund, das dabei
über dem Verhältniss der beiden Revolutionäre schwebt. Wenn
nemlich Drumann V, 418 glaubt, Cäsar habe zwar eine gewaltsame
Umkehr der Dinge nicht gewünscht noch wünschen können, habe
aber doch dem Catilina alle Hindernisse aus dem Weg geräumt,
nur damit er noch ärgere Verwirrung anstifte (V, 426), wenn ebenso
Lange III, 228 jenen sich in Catilina ein brauchbares Werkzeug
für den Kampf gegen die Optimaten zu erhalten wünschen lässt,
ohne dass darum an der Selbständigkeit der Pläne Catilinas etwas
abgebrochen worden wäre, so heisst das Cäsar zu einem politischen
Zauberer machen, der es ganz in seiner Hand gehabt die Mächte
der Anarchie zu entfesseln und zur rechten Zeit wieder zu bannen,
Catilina aber zu einem Automaten degradiren, dem man das harm-
lose Vergnügen einer Verschwörung mit vermeintlich selbständigen
Zielen hätte lassen können, da man ja, es mochte gehen, wie es
wollte, der Früchte seiner Thätigkeit sicher gewesen wäre.

Hatten Drumann und Lange in Catilina das Haupt und die Seele
beider Verschwörungen erkannt, so sieht dagegen Mommsen (R.
G. III³ S. 163 ff. 181 ff.) in beiden das Werk des Crassus und Cäsar
und in der ganzen sogenannten catilinarischen Verschwörung nur ein
gegen Pompejus gerichtetes Bündniss der demokratischen Partei mit
den Anarchisten, in Catilina aber das Haupt dieser anarchistischen
Fraction und den unsauberen Vollführer der unsauberen Arbeit,
deren politisches Resultat die möglichst im Hintergrund sich halten-
den reputirlicheren Führer der Demokratie sich späterhin zuzueignen
gehofft hätten. Zu diesem Zweck musste Mommsen freilich die Bildung einer anarchistischen Partei unter Catilina und die Stiftung des
Geheimbunds, die nach Sallust und Plutarch ins J. 690, nach Cicero
und den übrigen Quellen ins J. 691 fiel, ins Jahr 688 versetzen,
wie dies denn in einer Weise geschieht, dass nach seiner Darstellung
auch die für die Entstehung einer selbstständigen socialistischen
Partei so bezeichnende Aeusserung Catilinas, „dass nur der Arme
den Armen zu vertreten fähig sei" (Cic. p. Mur. 25, 50), in jene
Zeit gefallen zu sein scheint. Aber mit Fug und Recht konnte sich
diese Anschauung auf die Thatsache berufen (vgl. Mommsen a. a. O.
S. 181), dass nicht nur die erste Verschwörung ein unter Mitwirkung Catilinas ins Werk gesetztes Komplott der Führer der demokratischen Partei war, sondern auch die Wiederaufnahme desselben
in der sogenannten catilinarischen Verschwörung im J. 690 genau
mit dem Bestand einer notorischen Verbindung Catilinas mit den
Häuptern der Demokratie zusammengefallen sei. Ist nun aber dieser

zeitliche Zusammenhang gelöst, lässt sich im Gegentheil nicht verkennen, dass die Zeichen einer bestehenden Verbindung des Cäsar und Crassus mit Catilina von der Zeit an verschwinden, wo Catilina als Haupt der Anarchisten und als Verschwörer auf eigene Faust aufzutreten beginnt, so ist die Hauptstütze von Mommsens Ansicht gefallen; und als belastendes Indiz für den Fortbestand eines gewissen Verhältnisses bleibt nur noch ein bis zur Enthüllung der Verschwörung allgemeiner, aber nach den Vorgängen leicht begreiflicher, dann aber nur noch tendenziös (Sall. 48 f. Dio 37, 35. Suet. Caes. 17. Plut. Cat. min. 23. Caes. 8) verbreiteter Verdacht, dem auch Cicero in der Parteileidenschaft nicht umhin konnte nach dem Tod des Crassus und Cäsar öffentlich (Plut. Crass. 13) und vorher zur Zeit des Bürgerkriegs privatim (Cic. ad Att. X, 8, 8) Ausdruck zu geben. Dass die Denunciationen von Mitverschworenen und die Anklagen gewerbsmässiger Anzeiger es nach dem Vorgang der ersten Verschwörung nur darauf abgesehen hatten auch den unmittelbar Compromittirten Straflosigkeit zu sichern, liegt auf der Hand und wurde auch seiner Zeit nicht anders aufgefasst (vgl. Sall. 48, 7: erant eo tempore qui existumarent indicium illud a P. Autronio — man beachte, dass es gerade Antronius gewesen sein soll vgl. Sall. 18, 5. 47, 1. Cic. p. Sull. 2, 7 — machinatum, quo facilius appellato Crasso per societatem periculi reliquos illius potentia tegeret; Plut. Cic. 20 fin. Dio 37, 35). Aber selbst wenn diese Anzeigen und die Verdächtigungsversuche Catos und anderer Häupter der Senatspartei begründet gewesen wären, so würde sich daraus immer nur erst auf ein Verhältniss schliessen lassen, das von dem bei der ersten Verschwörung obwaltenden wesentlich verschieden ist. Denn während sie bei jenem Unternehmen von der unabhängigen Ueberlieferung mit grosser Bestimmtheit nicht nur als Mitwisser, sondern als Urheber und unmittelbare Leiter bezeichnet werden, während damals selbst Cicero sie in öffentlicher Rede unzweideutig als solche bezichtigte und durch die Niederschlagung der Untersuchung von Staatswegen ihre directe Betheiligung anerkannt wurde, sind sie jetzt nur als Mitwisser und geheime Helfershelfer verdächtigt, so dass kein alter Geschichtschreiber sich mit Bestimmtheit für ihre Mitschuld entschieden hat (vgl. Suet. Caes. 14 und 17 mit c. 9. Plut. Caes. 7: Λέντλον δὲ καὶ Κέθηγον ἐν τῇ πόλει διαδόχους ἀπέλιπε τῆς cυνωμοcίας, οἷς εἰ μὲν κρύφα παρεῖχέ τι θάρcους καὶ δυνάμεως ὁ Καῖcαρ ἄδηλόν ἐcτιν κ. τ. λ. Crass. 13. Cic. 20. Dio 37, 35). Sie selbst verwahren sich ferner, unterstützt vom Senat (Sall. 48, 5) und Volk (Suet. Caes. 17), mit unverstellter Entschiedenheit dagegen (Sall. 48, 9. Suet. Caes. 17), dementiren den Verdacht durch Denunciationen und setzen die Regierung dadurch in den Stand nicht nur eine ausgedehnte und peinliche gerichtliche Verfolgung der Schuldigen besonders aus den höheren Kreisen eintreten (Cic. p. Sull. 2, 6; vgl. part. or. 34, 118; Dio 37, 41), sondern sogar bei den schon im J. 688 Betheiligten auf jene Verschwörung zurückgreifen zu lassen. Mit Rücksicht auf diese unverkennbaren Anzeichen eines wesentlichen Unterschieds der Stellung des Crassus und Cäsar zu den beiden Verschwörungen und damit der Verschwörungen selbst scheint auch Mommsen der Anarchistenpartei vom J. 690 an eine grössere Selbständigkeit einzuräumen (vgl. S. 171: „Ermüdet von all diesem vergeblichen Wühlen und resultatlosen Planen beschloss Catilina die Sache zur Entscheidung zu treiben und ein für allemal ein Ende zu machen"). Und doch hätten offenbar die Häupter der Verschwörung den Erfolg des Unternehmens gänzlich aufs Spiel gesetzt und das erhoffte politische Resultat völlig dem Zufall anheimgegeben, wenn sie in dieser Weise, auf die oberste Leitung verzichtet und das Schicksal ihrer Pläne so sehr der Willkür und Unbesonnenheit der Anarchisten überlassen hätten, wie nach dem ganzen Verlauf der catilinarischen Verschwörung angenommen werden müsste. Allein die principielle Unwahrscheinlichkeit dieser Ansicht liegt in dem, was schon bei dem unparteiischen und massvoll denkenden Theil der Zeitgenossen dem Verdacht keinen Raum gab (Dio 37, 35) und was Drumann III, 177; IV, 86; V, 418 mit Recht als Hauptbeweis geltend macht: in der Haltlosigkeit der Annahme, dass jene Männer ihre politischen Pläne auf dem Weg der Anarchie und des Terrorismus verfolgt haben. Wenn nun Drumann I, 534 trotz der Ueberzeugung, dass ihre eigenen Pläne eine Zertrümmerung des Staatsgebäudes und die Aufrichtung eines cinnanischen Schreckensregiments weder nöthig noch auch nur wünschenswerth hätten machen können, dennoch wenigstens zur Annahme mittelbarer Beziehungen zwischen den Conspiratoren sich verstehen musste, so war dies eben nur die natürliche Folge des Bestrebens sowohl der durch Sallust 17, 7 beglaubigten Thatsache des zeitlichen Nebeneinanders der beiderseitigen Umsturzpläne als den unabweisbaren Zeugnissen, nach denen zugleich die unmittelbarsten Beziehungen zwischen den beiden Theilen stattfanden, Rechnung zu tragen. Tritt nun an Stelle dieser Voraussetzung die Ueberzeugung von ihrem zeitlichen Nacheinander, so fällt jede Nöthigung weg irgend welche Verbindung der gegen Pompejus gerichteten Insurrectionsversuche des Cäsar und Crassus, bei denen Catilina nur mitgewirkt hat, mit der socialen Revolution, deren selbständiger Urheber und Leiter er war, anzunehmen.

Der Versuch Ihnes (Philologenversammlung von 1868 S. 106. 113 f.) endlich die catilinarische Verschwörung als die Krisis des jahrelangen Widerstreits der Volks- und der Optimatenpartei, also als eine wesentlich politische Revolution darzustellen und in Catilina selbst das damalige Haupt der Volkspartei, den Staatsmann, Nachfolger der Gracchen und Vorläufer Cäsars zur Geltung zu bringen könnte sich nur etwa auf die in sich haltlose Darstellung Plutarchs (Cic. 10 ff. s. oben S. 757) stützen, setzt sich dagegen in directen

Widerspruch mit der gesammten übrigen glaubwürdigeren Ueberlieferung, nach welcher in der That Catilinas Verschwörung durchaus als ein anarchistisches Komplott „ohne höhere politische Zwecke" erscheint. Und eben die Emancipation von der herkömmlichen Datirung ihres Anfangs hätte meines Erachtens Ihne zu einer andern Anschauung von den Beweggründen Catilinas bei seinem Unternehmen und von seiner persönlichen Bedeutung führen müssen. Denn so unzweifelhaft die Bedingungen seiner Revolution in den acut gewordenen socialen, politischen und sittlichen Schäden der zur Monarchie sich neigenden Republik gelegen waren, so sicher darf die Veranlassung dazu, dass gerade Catilina es war, der den angehäuften Zündstoff in Flammen setzte und dass es gerade damals geschah, in dem Umstand erkannt werden, dass Catilina sich den verfassungsmässigen Weg versperrt sah seine selbstsüchtigen Zwecke und die Hoffnungen auf durchgreifende sociale Reformen zu befriedigen, die er aus Anlass seiner zweiten Bewerbung um das Consulat bei den Unzufriedenen aller Gesellschaftsclassen wach gerufen hatte. So ist Catilina zwar nicht der blutdürstige Wütherich, der „Räuberhauptmann und Mordbrenner", der unter allen Umständen, gleichviel ob als Consul von Rechtswegen oder als Sieger im Bürgerkrieg ein zweiter Cinna geworden wäre. Nichts berechtigt zu der Annahme, dass er nicht mit dem Consulat selbst den Gipfel seiner Wünsche erreicht hätte; denn wohl beachtenswerth scheint mir die Thatsache, dass der erste Schritt, mit dem er die Brücke hinter sich abbrach, die Usurpation der ihm so oft und lange versagten consularischen Insignien war, ferner sein eigenes Zeugniss, dass er das Schwert der socialen Revolution nur erhoben habe, weil man ihm durch falsche Verdächtigung die ihm gebührende politische Stellung vorenthalten habe, zumal wenn man dabei berücksichtigt, dass er dies mit gutem Rechte geltend machen konnte. Durfte er doch die Ursache seiner Wahlniederlage so gut als Cicero selbst (p. Mur. 26, 52 f.) in der unmotivirten Denunciation im Senat am ursprünglich anberaumten Wahltag und in Ciceros infamem Manöver bei der Wahl erblicken. Wohl zu beachten ist endlich auch, dass es aller Wahrscheinlichkeit nach noch am Ende des Octobers 691 nur auf Erzwingung seiner Designation oder auf Usurpation des Consulats durch einen dem Plan des 1. Januar 689 ähnlichen Handstreich abgesehen war und dann erst die Revolution den Charakter annahm, dem er selbst mit dem Wahlspruch „incendium meum ruina restinguam" die einzig zutreffende Signatur gegeben hatte, aber auch jetzt nicht ohne dass er, selbst minder extrem als seine Genossen (vgl. Plut. Cat. min. 22. Cic. 17 fin.), ihr wenigstens den Schein des Bürgerkriegs zu wahren versuchte [62]) (Sall. 56, 5 vgl. mit 44, 5 f. Cic. Cat. III,

---

62) Ihne (a. a. O. S. 114 A. 3) ist durchaus im Irrthum, wenn er in Sallusts Angabe 56, 5: interea servitia repudiabat, cuius initio ad eum

4, 8; 5, 12). — Aber Catilina verdient andererseits auch nicht den
Namen eines „Nachfolgers der Gracchen, des Saturninus, Drusus und
Sulpicius". Denn die Aufnahme der socialen Reformbestrebungen,
für die diese Männer theils aus Ueberzeugung und mit Begeisterung,
theils wenigstens nicht ohne persönlichen Beruf kämpften, ist für
ihn nur ein durch die Noth seiner eigenen Verhältnisse ihm auf-
gedrängtes letztes Mittel zu der Stellung zu gelangen, von der er
sich die volle Befriedigung der gemeinen Zwecke seiner Selbstsucht
versprach. Und die Partei, die er thatsächlich vertrat, war, wie sich
bald genug herausstellte (Sall. 48, 1 f.), nicht das Volk, sondern
der Theil der Bevölkerung Roms und Italiens, dem gründlich nur
mit Vernichtung der Staatsordnung, nicht mehr mit Reformen zu
helfen war (vgl. Cic. Cat. II, 9, 20. III, 10, 25), die Partei der
Anarchisten. — Noch weniger aber lässt sich in Catilina „der Vorläufer Cäsars" erkennen. Denn von höherer staatsmännischer und
militärischer Begabung des Mannes tritt weder in der Rolle, die er
unter Sulla und bei der ersten Verschwörung gespielt, noch im Verlauf seiner eigenen Verschwörung irgend eine Spur hervor. Kann
auch das jämmerliche Misslingen all seiner Pläne nicht als voll-
giltiger Beweis für die Unfähigkeit des Führers gelten, so berechtigt
uns doch die Geschichte der Verschwörung zu dem Urtheil, dass
Catilina zwar in hohem Grade die Fähigkeit besass die verschiedensten Elemente für sein Unternehmen zu gewinnen, aber es nicht ver-
stand auch nur den engeren Kreis seiner Mitverschworenen zu
überwachen, jeden am richtigen Platz zu verwenden und die Privat-
absichten der höher gestellten Theilnehmer den seinigen unterzu-
ordnen. In dieser Beziehung kann es genügen an den Verrath des
Curius, an die Uebertragung des Oberbefehls in der Stadt an den

---

magnae copiae concurrebant, opibus coniurationis fretus, simul alienum
suis rationibus existumans videri causam civium cum servis fugitivis
communicavisse eine stricte Widerlegung aller der Anklagen sieht, die
Cicero mit Beziehung auf einen beabsichtigten Sclavenaufstand ohne Aufhören gegen Catilina vorgebracht habe. Denn ein anderes ist es ent-
laufene Sclaven in das eigene Heer aufzunehmen, ein anderes einen
selbständigen Sclavenaufstand anzuregen oder die Sclaven zur Mitwirkung beim Morden und Brennen in der Hauptstadt zu veranlassen. Dass
in der That in und ausserhalb der Stadt ihre Beihilfe in Aussicht genommen war, lässt sich Angesichts der völligen Uebereinstimmung der
Quellen (vgl. Sall. 24, 4. 30, 2. 39, 6. 50, 1. Cic. Cat. I, 11, 27. IV, 2, 4
u. ö. Dio 37, 33) und der Glaubwürdigkeit der darauf bezüglichen Thatsachen (vgl. Cic. Cat. II, 12, 26 mit Sall. 30, 7. Cic. p. Sest. 4, 9 und
Cat. III, 6, 14 mit Sall. 30, 2. 46, 3) eben nur dann in Abrede ziehen,
wenn man, wozu Ihne geneigt ist, die in der Hauptsache sogar protokol-
larisch festgestellten Thatsachen, dass es sich wenigstens seit der Conferenz bei Läca um Ausplünderung der Stadt und Vernichtung der besitzenden und herrschenden Gesellschaftsclassen, um eine völlige Umkehr
der staatlichen Ordnung gehandelt habe (vgl. Cic. Cat. III, § 8—13. IV,
§ 4 f. Plut. Cic. 18) kurzweg für Uebertreibungen und Verläumdungen
erklärt, die durch Cicero und Sallust in Umlauf gekommen seien.

phlegmatischen Lentulus und die Coordinirung des leidenschaftlichen Cethegus (Cic. Cat. III, 4, 10. Sall. 43, 3 f. 58, 4), besonders aber an die herrschsüchtigen Sonderinteressen, die nicht nur der wahnbethörte Lentulus (Cic. Cat. III, 4, 9. Sall. 47, 2. Plut. Cic. 17), sondern auch eine Reihe geheimerer Theilnehmer aus der Nobilität (Sall. 17, 5. 37, 10. Cic. Cat. II, 9, 19) mit ihrer Betheiligung an der Verschwörung verfolgten, endlich an die sowohl von Sallust 39, 4 als von Cicero Cat. II, 9, 19 ausgesprochene Ueberzeugung zu erinnern, dass der Erfolg des Unternehmens nicht dem Catilina selbst, sondern dem nächsten besten an Macht oder sittlicher Verworfenheit Ueberlegenen zugefallen wäre. Wofern wir daher durch „eine allseitige, unbefangene Prüfung sämmtlicher Zeugnisse" den „Catilina der Geschichte" zu gewinnen suchen, werden wir allerdings in ihm „einen verzweifelten Abenteurer", einen Bandenführer vom Schlag des Milo, Clodius und Dolabella und nicht einen socialen Reformator oder einen zu Hoffnungen auf das Scepter des römischen Reichs berechtigten Staatsmann zu erkennen und seine geschichtliche Bedeutung darauf zu beschränken haben, dass er durch Anzettlung einer Verschwörung mehr nur den Anstoss zu dem an sich verzweifelten Unternehmen die sociale Frage durch Feuer und Schwert zu lösen gegeben, als es planvoll einem bestimmten politischen Ziel zuzuführen gesucht, und mehr die Morschheit des Staatsgebäudes in erschreckender Klarheit blosszulegen als die Republik ernstlich zu gefährden vermocht hat.

www.ingramcontent.com/pod-product-compliance
Lightning Source LLC
Chambersburg PA
CBHW020131170426
43199CB00010B/721